ma vie antérieure

© Éditions encre marine, 1998
© Éditions Les Belles Lettres, 2020
collection « encre marine »
ISBN : 978-2-35088-186-7

marcel conche

ma vie antérieure

postface
par
catherine collobert

encre marine

Sommaire

au sein de la nuit
en souvenir de la lumière

Avant-propos à la réédition

À MON ÂGE EXTRÊME – quatre-vingt-dix-huit ans – j'écris encore à peu près chaque jour une page. Chaque page a un titre. Voici les titres des pages récemment écrites : « Le savoir et l'infini », « Mon corps », « La thyroïde » (dont mon amie Emmanuelle doit subir l'ablation), « Les nèfles », « Religion et philosophie », « Souffrir avec », « La panspermie », « Vous et moi », « La Dordogne », « La solitude », « Le non-engagement », « Les contraires », « Orgueil et fierté », « La mémoire de l'esprit et la mémoire du cœur », « Le travail dans les vignes », « La pauvreté », « Le moi chez Héraclite » (pour Héraclite « tout s'écoule », *Panta rei* : qu'en est-il alors du moi ?).

J'écris sur tous les sujets sur lesquels j'ai quelque chose à dire qui n'ait pas déjà été dite. Si c'était le cas pour Hannibal, j'écrirais sur Hannibal. C'est le cas pour la nature telle que je la vois de ma fenêtre. À dire vrai, je la regarde sans la voir car, comme l'a dit Héraclite, « La nature aime à se cacher », *Phusis kruptesthai philei* (fr. 69 dans mon édition des *Fragments*, PUF). La nature est omniprésente, omni-agissante, mais on ne la voit pas agir. L'enfant a grandi : on ne l'a pas vu grandir. On ne voit pas la sève monter dans l'arbre. La nature se manifeste par sa force créatrice, ses productions, ses effets, mais elle reste en elle-même un objet de pensée. La nature n'est donc pas matérielle, n'est pas la matière.

Pour autant n'en faisons pas une réalité spirituelle. L'esprit est arrivé tardivement dans l'évolution des choses, et l'esprit infini (Dieu) très tardivement. Ce qu'il y avait à l'origine n'était pas plus la matière que l'esprit. Ce qu'il y avait n'était autre que ce qu'il y a maintenant et qu'il y aura toujours : une éternité de vie, malgré que naissent et meurent indéfiniment les vivants qui n'ont qu'une courte vie. Les croyants en Dieu pensent qu'après la mort, leur vertu leur vaudra la vie éternelle. Mais la nature, sans commencement ni fin, éternellement vivante, est cette vie éternelle.

Je me sens en sympathie avec elle comme si j'étais un enfant de la nature : je demande pardon à ma mère, que je n'ai pas connue.

Marcel CONCHE
(15 décembre 2020)

Avertissement

$\mathcal{L}$A CORRÈZE est partout où il y a des Corréziens. Ils la portent en eux et ne lui sont jamais infidèles. « Je n'accepterai jamais que l'on dise du mal de la Corrèze », dit Éric Rohmer. Pierre Dauzier et Denis Tillinac ont évoqué, dans leur ouvrage *Les Corréziens* (Robert Laffont, 1991), leurs compatriotes de la diaspora. J'ai l'honneur, avec Éric Rohmer, de contribuer largement à l'un des chapitres.

La Société des Lettres, Sciences et Arts de la Corrèze existe depuis 1878. Elle publie une Revue à laquelle Gilbert Beaubatie, professeur d'histoire et Président de la Société, donne tous ses soins.

Il m'a demandé d'évoquer ma jeunesse, laquelle s'est déroulée principalement en Corrèze. De là quatre articles, parus dans la Revue depuis 1994. Ce sont ces articles qu'*Encre Marine,* a voulu réunir en volume, cela en hommage à ma femme, d'ailleurs née à Tulle, qui fut professeur au lycée Edmond Perrier pendant la guerre et a laissé en Corrèze de très vivants souvenirs, comme on put s'en rendre compte lors de ses obsèques en l'église et au cimetière d'Altillac, le 8 décembre 1997.

Je voudrais, de concert avec mon éditeur, remercier Gilbert Beaubatie pour l'autorisation de reproduction qu'il nous a généreusement accordée.

M.C.

Traces de mémoire

APRÈS CINQUANTE-SIX ANS de vie dans l'extrême proximité à travers et malgré les extrêmes différences, ma femme m'a quitté pour le pays d'où l'on ne revient pas. Pour certains, elle fut toujours « Marie-Thérèse », pour d'autres, les plus proches, les plus intimes, elle fut toujours « Mimi », pour moi… mais je préfère ne pas dire les mots de tendresse que je lui donnais. Il en est enfin pour qui, ayant été ses élèves, elle était restée « mademoiselle Tronchon », celle qui, dans divers lycées, les avait initiés à la littérature et à la beauté littéraire. C'est d'abord ce qu'elle fut pour moi aussi, puisque je fus son élève au lycée de Tulle, en 1941-1942.

J'ai retrouvé la première « composition française » que je fis pour elle. Le sujet en était : « L'attachement aux objets inanimés. Ses causes. Ses manifestations ». Elle m'avait donné la note 18, avec l'appréciation suivante : « "Le plaisir de la critique nous ôte celui d'être vivement touchés…" Je ne ferai donc aucun commentaire inutile, et la note que je donne à votre devoir est pour moi aussi exceptionnelle que le plaisir que j'ai pris à le lire. » Elle avait repris un sujet qu'elle avait, étant élève, elle-même traité. Elle était alors en troisième. J'ai retrouvé sa composition. Elle avait eu la note 16. L'appréciation était la suivante : « Très joli devoir. Analyse fine et pénétrante ; exposé très net, bien gradué. Style juste et élégant, rehaussé par l'habile utilisation de citations ou de souvenirs. » Il est difficile d'imaginer, sur un même sujet, deux devoirs plus dissemblables. Le sien est riche d'allusions et de références littéraires – aux poètes épiques et lyriques du Moyen Âge, aux poètes de La Pléiade, à Rousseau, aux romantiques, à Loti que, semble-t-il, elle aimait déjà particulièrement, à d'autres encore. Le mien n'en contient aucune. Simplement pour en donner une idée, voici les dernières lignes de ce devoir :

« Sans doute l'on peut parler de l'âme des objets inanimés, mais cette âme, ils nous la doivent. Même l'attachement à la nature n'est qu'une forme de ce besoin de l'âme humaine de se répandre, de pénétrer de sa propre vie le monde et les choses, de se sentir elle-même en eux. La nature paraît répondre si bien aux appels de notre cœur et s'accorder avec nos tristesses et nos joies ! Comment ne pas lui répondre en ami à ces heures où la rosée des nuits humides rend la terre fumante au lever du soleil, alors que tout entière elle semble s'éveiller gaiement à la fraîcheur du jour nouveau et qu'un frisson de vie et de jeunesse saisit tous les êtres ? Et pourtant ne dirait-on pas qu'elle a son âme à elle, forte et prenante, qui nous envelopperait, nous pénétrerait et façonnerait la nôtre, devant une large rivière aux flots monotones et changeants sans cesse, lorsqu'on la sent bien plus forte que nous, divine, comme animée de dieux étranges ? Mais c'est nous-mêmes qui lui donnons sa vie, notre imagination qui la peuple, la transforme, la renouvelle à son gré. – L'homme, c'est bien lui l'agent puissant du monde qui va au sein de toutes choses leur insuffler la vie. Il faut que tout se précipite avec lui vers l'avant, que la terre entière le suive vers le progrès, se supprime pour lui. Il lui impose sa dure loi et toute autre vie n'est que fumée devant la sienne. »

Les différences entre nous étaient si grandes, tant au plan des intérêts et des goûts que des opinions, des croyances et dans la façon même de penser (la sienne intuitive et esthétique, la mienne euclidienne et dialectique), sans parler des habitudes de vie et des usages (autres, certes, dans une famille de petit paysan que dans celle d'un universitaire), que lorsque, l'amitié entre elle et moi ayant pris un tour irréversible et pour ainsi dire fatal, la pensée nous vint de nous lier par le mariage, cette pensée nous parut d'abord étrange. J'hésitai ; nous hésitâmes, jusqu'au moment où il nous sembla que les différences que je viens de dire étaient sans importance par rapport à quelque chose d'autre, de plus essentiel, de seul essentiel. Lorsque je pensais à Marie-Thérèse, j'avais comme une illumination, et cela je ne l'éprouvais avec personne d'autre. « Illumination » : je retrouve ce mot dans ce que m'écrit ma sœur Michèle : « Mimi fut un don du ciel, un soleil qui a brusquement illuminé mon existence. Son extrême distinction et son élégance naturelle, sa grande intelligence, son merveilleux parler avec sa manière alchimique d'assembler les mots les plus communs du langage, ont été pour moi une véritable révélation et le début d'une confiance infinie – qui ne m'a plus quittée dans le beau, le simple, le noble. Tout au long de ma vie, j'ai comparé avec elle les personnes que je rencontrais, mais aucune, jamais, ne l'a atteinte dans sa perfection. Dans mon cœur, elle fut toujours la première [...] » (lettre du 20 décembre 1997). Je puis dire la même chose. Au-delà de ce qui nous séparait, j'étais sensible – comme chacun le fut lorsqu'elle entra dans ma famille – à l'extraordinaire qualité de son âme, comme si elle appartenait à je ne sais quelle autre humanité que l'humanité commune, où il n'y aurait, avec la poésie et l'humour, qu'honnêteté, droiture, bonté et douceur.

Jean Leyssenne, qui fut aussi son élève, ajoute quelques notes : « Fragile seulement d'apparence, élégante et raffinée toujours, gentille avec humour, bonne mais jamais dupe, associant dans ses cours rectitude, charme et poésie, elle nous subjuguait. Dévouée, elle sut l'être, dans les temps difficiles, envers les juifs et les résistants » (lettre du 14 décembre 1997). Ces derniers mots me font songer à Benoît Mandelbrot qui a dédié son dernier livre (*Fractales,* etc., Flammarion, 1997) à Marie-Thérèse, comme « exemplaire dans son amour de sa patrie comme de sa langue » (p. 13). Il est difficile de dire la singularité d'un être. Il faudrait l'art d'un Tolstoï ou d'un Proust, peut-être, pour faire revivre – et pour faire sentir à ceux qui n'ont pas connu Marie-Thérèse – la manière d'être unique qui était la sienne, tant dans les moments difficiles ou heureux de l'existence (difficiles, ô combien ! lorsque sa sœur et son beau-frère furent arrêtés par les Allemands, heureux, ô combien ! à la naissance de François) que dans le cours quotidien de la vie. Marie-Thérèse ne fut pas, si l'on veut, une « femme remarquable ». Elle n'a pas, comme Simone de Beauvoir, par exemple, écrit des livres. Mais pourtant, si je songe à Simone de Beauvoir – et pour ce que j'en sais –, j'ai, à la comparer avec elle, une vive impression de vulgarité. Il existe une indicible qualité de l'âme que telle ou telle écrivain ou écriveuse, anxieuse des succès et des vanités littéraires, n'a pas, ne pouvait avoir, et qui, en elle, vous illuminait.

Cela ne me fut jamais plus évident que dans les dernières années, les derniers jours, lorsqu'elle souffrait avec une dignité extrême et, comment dire ? avec une sorte d'élégance. Quatre fois par jour, aux heures dites, lui donner son médicament, ou placer près d'elle les choses dont elle avait besoin, ou lui donner le bras pour marcher dans le couloir, ou la servir à table, lui préparer sa compote de poire ou son thé, quel bonheur c'était, chaque fois, de l'aider ! Jamais, dans notre pleine santé, nous n'avions été aussi près l'un de l'autre, aussi attentifs elle à moi, moi à elle. Lorsque, au meilleur moment de sa journée, elle déambulait jusqu'à la table de la salle à manger avec une boîte pour mettre les miettes, car, jusqu'à la limite de ses forces, elle voulait agir, n'être pas inutile, à la voir dans sa fragilité, sa touchante bonne volonté et sa faiblesse, j'étais saisi d'une émotion poignante et les mots les plus doux de tendresse me venaient aux lèvres. Durant les premiers temps de sa maladie, avant sa première chute, nous allions ensemble à la poste ou dans les chemins ; je sentais près de moi son être délicat et fragile, et je me figurais être comme un rempart pour la protéger des aspérités du monde. Durant l'été 1994, après qu'elle se fut fracturé le col du fémur, elle passa deux mois de rééducation au château d'Angeville, à Hauteville-Lompnès, dans les monts du Bugey. Elle y fut très malheureuse. Ses seuls moments de joie étaient ceux où, de la fenêtre de sa chambre, elle me voyait arriver. Car tous les après-midi, après avoir travaillé le matin à mon *Parménide*, j'allais la voir, et ma R 19 engloutissait impatiemment les kilomètres. Je l'installais dans son fauteuil roulant. Nous descendions dans le parc où nous vivions des heures douces. Souvent, je lui faisais la lecture. Elle aimait que je lui lise du Pascal, moins par intérêt pour Pascal que pour m'entendre le lire. L'abbé Marcel Belay, l'aumônier, venait nous tenir compagnie. Parlant, lui et moi, philosophie, théologie, ou de Gabriel Marcel dont il avait été le disciple et l'ami, nous oubliions parfois quelque peu Marie-Thérèse. Elle ne s'en formalisait pas, nous écoutant, ou plutôt écoutant la musique des voix avec un léger sourire. Après son retour à Treffort, nous n'allâmes plus dans les chemins, mais seulement jusqu'au banc que j'avais fait installer au haut du clos. Là, ensemble, nous voyions les arbres, les fleurs, suivions du regard le vol des oiseaux, des papillons, et échangions des paroles. Le temps des discussions vaines et des désaccords de surface était loin ; une paix profonde nous habitait. Durant la dernière année, Marie-Thérèse ne sortit plus. Nous nous limitâmes à des marches dans le couloir : trois aller et retour ou quatre, selon les jours. Elle avait de la peine à rester droite : elle tombait vers l'avant. Je lui disais : « redresse-toi » ; aussitôt elle se redressait, docile comme une enfant sage. Elle n'écrivait plus, ne lisait plus guère, les mots croisés la fatiguaient trop. Mais elle avait gardé toute sa présence d'esprit, sa lucidité, sa vive intelligence d'autrui, son humour. Nous avions de nouveaux voisins. Ils venaient d'avoir une petite fille. Elle avait songé à un cadeau. Je l'ai retrouvé après sa mort et le leur ai donné.

Le 29 novembre, son déambulateur ayant basculé, elle est tombée, s'est fracturé le col du fémur pour la seconde fois. Opérée le lundi 1er décembre, elle est morte le 5, à seize heures cinquante, d'après le certificat de décès. L'après-midi du lundi, je suis auprès d'elle. Elle ne souffre pas ; son visage est paisible et encore endormi. Je dis « minet » : elle ouvre les yeux un moment. Mardi : elle ne parle pas, mais elle me comprend. Je dis : « Minet, es-tu contente que je sois là ? » Elle fait « oui » de la tête. « As-tu mal ? – Non » ; mais le masque est figé. Mercredi : je la regarde longuement. « Regarde-moi », lui dis-je. Elle me regarde, tend sa petite main et me caresse le visage. Ce geste est ce qui m'est arrivé de meilleur, de plus pur, de plus absolu, dans toute ma vie. Je lui dis : « Tu me souris des yeux. » Alors elle esquisse un sourire, le seul de ces jours d'hôpital et le dernier. Enfin, elle tend sa main et s'accroche au revers de ma veste. Jeudi : elle « part ». Je dis : « Regarde-moi ». Elle regarde à côté, vers sa compagne de chambre. Je sens monter en moi le désespoir. Vendredi : elle ne me reconnaît pas. Elle gémit longuement ; parfois, elle hurle. J'exige de la morphine. Mais, pour les infirmières, rien ne presse : il faut l'avis du médecin. On lui en donne enfin, trop peu. Le médecin arrive. Je suis fâché, agressif. Ma femme ne souffre pas, dit-il. Un autre docteur vient ensuite. Il confirme : gémir n'est pas souffrir. La douleur n'est pas « intégrée ». Il y a douleur sans personne pour la souffrir. Mais pour moi, ma femme, mon amie, mon amour n'est que souffrance. Vers seize heures, une hémorragie se déclare. Ma femme meurt, alors que le docteur rêve d'une gastroscopie. « Elle n'a pas souffert », me dit-il.

La beauté donne de la joie. Marie-Thérèse, à mes yeux, ne fut jamais plus belle qu'à la fin de sa vie. Jadis, son visage était parfois durci par les préoccupations ordinaires liées à ses activités de professeur, de syndic amateur, de maîtresse de maison, et par les soucis, les contrariétés. À Treffort, il était reposé, calme, et paraissait animé d'une vie plus secrète ; il rayonnait de douceur et de charme. Les mots « douceur », « charme », et aussi « intelligence », sont ceux que reprenaient les visiteurs. Si maintenant je songe à tel geste d'elle, à telle attitude, à tel regard, la vision intérieure que j'en ai me donne une joie forte, comme percevant, au-delà du geste, de l'attitude, du regard, toute la beauté d'une âme : c'est pourquoi, voyant son masque mortuaire, quoique l'harmonie des traits, qui tient à la belle ossature, restât intacte, il m'a semblé qu'avec la vie la beauté même s'en était effacée. Il y a le périssable et l'impérissable. Ce qui périt est seulement ce qui est de la nature du périssable. Mais la beauté d'une âme est-elle de la nature du périssable ? Le triangle, le chiffre 4 – ou une autre figure ou un autre nombre, sont-ils de la nature du périssable ? Ce serait absurde. Qui sait s'il n'en est pas de même pour la beauté ? Et si la beauté dont il s'agit n'est pas l'Idée de beauté, mais la beauté, très précisément, d'une âme singulière, si donc elle enveloppe dans sa notion la notion de cette âme, n'est-ce pas cette âme même dont il faut dire qu'elle ne saurait périr ? Je ne crois pourtant à aucun « Ciel », ni à aucun « Dieu », ni à aucun « Fils de Dieu », ni à la vertu d'aucun rite, d'aucun culte, d'aucune prière, mais quoi ! comment ce qui n'est pas de la nature du périssable pourrait-il périr ?

Mais la joie que j'ai à revoir, à réentendre en esprit celle qui me fut si chère est une joie douloureuse : car je souffrirais moins si je sentais moins vivement la qualité de ce que j'ai perdu. Aussi cette douleur est-elle calmée par l'effet de ce qui m'arrache à ma solitude et me distrait : visites, coups de téléphone, choses à faire. Cependant, il me plaît de la raviver et, pour la tenir toujours vive, je n'ai pas voulu que rien fût changé des objets qui me rappellent Marie-Thérèse, car elle avait affaire à eux tout au long du jour : couverture rouge, coussins, petit fauteuil rouge, fauteuil blanc, fauteuil profond dit « de Catherine » (c'est Catherine qui l'avait offert, venant de sa grand-mère), cannes, déambulateur, grande boîte de médicaments, petite boîte verte pour les médicaments spécifiques de la maladie de Parkinson, petit bureau où étaient ses carnets de chèques, les lettres dernièrement reçues, le papier à lettres – dont elle ne se servait plus –, et aussi ses précieuses lunettes, son miroir, sa loupe ou plutôt ses loupes, car je venais de lui en trouver une plus puissante et plus commode à tenir. Je regarde les médicaments. Je lis : « spasmine », « maalox », « actapulgite », « rennie », « gaviscon », « lactéol », et je l'entends me les demander. J'ai peine, alors, à retenir mes larmes. Parfois, ayant oublié le nom du médicament, elle disait : « Donne-moi le médicament du docteur Perron », « du docteur Saint Cyr ». Elle avait des heures très pénibles, mais aussi des moments de répit où elle redevenait elle-même, et cela très vite, comme une apparition du soleil après un gros temps. Alors, surtout si Denise Authier était là, elle riait et même jouait – à la « réussite », aux dominos –, faisait des traits d'humour ou se moquait gentiment de moi. Une sorte de pudeur du sentiment nous faisait tenter de donner le change sur notre amour, comme si nous avions surtout à nous « supporter » l'un l'autre, mais Denise Authier n'était pas dupe, bien qu'elle affectât de demander toujours comment sa « grande amie » avait pu épouser quelqu'un comme moi.

Certains « objets inanimés » me donnent une émotion particulière. Ainsi l'avertisseur au son musical par lequel elle pouvait, de sa chambre, m'appeler la nuit, l'agenda 1998 que, comme chaque année, je lui avais offert et dont les pages resteront blanches (celui de 1997, resté vide de longs mois, porte ensuite des traces jusqu'au 22 décembre, où je lis « pédicure », jusqu'au 27, où je lis « opération François » – François devant être opéré d'une hernie), la précieuse tête en plâtre de sainte Fortunade au sourire d'une douceur séraphique, qu'elle avait toujours eue sous les yeux à Versailles, lorsqu'elle travaillait. Mais je m'émeus aussi à la seule pensée de cette icône de la Vierge que Santo Arcoleo lui avait donnée, qu'elle gardait sur sa table de nuit, que j'ai mise dans son cercueil ; ou, en ce jour de l'Épiphanie (j'écris ceci le 4 janvier 1998), à la pensée de la dernière « galette des rois » que nous ayons partagée. Elle avait eu la fève. Tu étais la reine, mon amour. Et quelle reine pourrait t'être comparée ? Certes, aucune en ce siècle. Il faudrait remonter à certaines reines du Moyen Âge pour trouver autant de grâce, de modestie, de discrétion d'exister : encore faudrait-il les considérer non telles qu'elles furent en réalité, où il y aurait peut-être beaucoup à dire, mais telles qu'elles sont rêvées par un regard lointain – et un regard de poète.

Le Temps est, comme toujours, mon ennemi. Déjà mes souvenirs pâlissent ; certains m'échappent, tombent dans la profondeur obscure de l'oubli ; d'autres m'arrivent en lambeaux. Il n'est pas besoin de justifier le recours aux photographies. J'en ai beaucoup, heureusement. Souvent, j'hésite à les regarder : je crains l'émotion, les larmes. Celles de notre jeunesse, où Marie-Thérèse est, auprès de moi ou de François ou en famille, éclatante de santé, de sourire, de sûreté de soi, de bonheur, me touchent moins que celles des dernières années, où elle est si humble, demandant si peu, contente d'un bouquet ou d'une heure au soleil. De ces photos, la plus belle à mes yeux est celle de nos noces d'or, où, près d'un énorme bouquet de roses, Mimi a l'air ébloui d'une petite fille à Noël. Et je me souviens de ses derniers mots en quittant la maison, lorsque, au petit matin du 30 novembre, l'ambulance l'emportait : « Je ne regrette rien. » De mon côté, je me réjouis chaque jour plus que la veille de la chance que j'ai eue de la rencontrer. Michèle a raison : il n'est pas concevable qu'aucune personne, jamais, puisse nous donner la même lumière.

Il est, à Treffort, une publication locale pour laquelle l'on m'avait demandé une contribution. J'avais fait valoir que ma femme serait plus à même que moi d'évoquer le passé du village, puisque, originaire de la Corrèze, j'étais, en Revermont, un « immigré », alors que nous vivions à

Treffort dans la maison de son père. Marie-Thérèse avait accepté d'écrire quelques pages. La maladie l'empêcha d'aller jusqu'au bout de son article. J'ai retrouvé ce qu'elle avait écrit et l'ai « déchiffré », non sans peine : sa belle écriture d'autrefois avait perdu sa lisibilité.

Elle avait conçu l'article sous la forme d'une lettre qu'elle m'adressait. Je donne ici ce qui en reste.

Lettre à celui qui vint d'ailleurs.

Quand tu travailles dans ce clos, dont tu as voulu refaire le beau verger de jadis, en soignant les jeunes arbres qui fleurissent malicieusement en promettant des fruits qu'ils donneront peut-être un jour, te rappelles-tu ta première venue à Treffort ?

C'était quelques années après notre mariage. Tu ne connaissais de Treffort que les souvenirs que nous gardions, ma sœur et moi, des vacances passées : quelques semaines d'été chez notre oncle, le médecin. Nous quittions alors la Corrèze pour un interminable voyage, avec maints changements de train et de direction jusqu'à Treffort. Treffort, c'était d'abord la barbe menaçante de notre oncle, des yeux sévères, puis un bon rire et des embrassades d'ogre affectueux. On montait jusqu'à la maison où nous attendaient tante Marie et la fidèle Célestine : pour ce ménage sans enfants, notre arrivée était une fête.

Treffort était un plaisir mélangé, où la douceur de tante Marie et les bons gâteaux de Célestine compensaient les taquineries de l'oncle et ses grosses colères d'homme impatient et surmené. Il ne fallait pas faire de bruit pendant les heures de consultation, ni monter cueillir les fruits aux arbres, ni sortir du clos sans permission (et pourtant, « aller en champ » avec les autres, quel délice pour les petites citadines !), mais on pouvait aller « faire les courses » au village, seules comme de grandes filles, sans risquer d'être renversées par une voiture ou de s'égarer dans les rues étroites.

Le village était moins beau qu'aujourd'hui, mais plus vivant. Les rues n'avaient pas de nom. Il y avait des magasins : deux boulangeries aux savoureuses galettes, des merceries où l'on trouvait de tout. Les trois fontaines fournissaient aux maisons l'eau et les nouvelles du village : il fallait beaucoup de temps pour remplir un broc et une carafe, mais on faisait aussi provision d'histoires qu'on chuchotait en rentrant.

Puis le temps passant a modifié bien des choses. Mon oncle est allé s'installer en ville. La maison a été fermée, puis rouverte, en partie louée. Aucun des trois frères qui la possédaient en commun n'avait le temps de s'en occuper. Mon père s'y plaisait telle qu'elle était et y passait les mois d'été. Nous nous joignions parfois à lui, ma sœur et moi, nous ennuyant à qui mieux mieux. Les quelques distractions de l'été campagnard étaient vite épuisées, Les seules vraiment plaisantes étant mes expéditions chez nos cousins de Dhuys et de Chavannes. Chaque été apportait son lot de nouvelles : examens modestes et concours prestigieux, fiançailles et mariages, événements joyeux qui nous empêchaient de voir s'enténébrer le monde. Puis ce fut la guerre. La maison fut de nouveau fermée. Le décès des trois frères nous laissa ce lourd héritage. Il fallut bien un jour venir voir où en était la maison, et c'est ainsi qu'au bout du même interminable voyage qu'autrefois, si ce n'est qu'il fallait maintenant prendre un taxi à Bourg, tu vis surgir Treffort dans la lumière du couchant, d'un rose doré qui est la couleur même de l'été ici.

Tu as tout de suite aimé le village et la maison. Tu as pris des photos avec mon vieux kodak fatigué qui donnait des images parfois inattendues. La maison, maintenant, semblait dominer de très haut une sorte de jungle qui était le jardin si bien tenu de tante Marie retourné à l'état sauvage. Les petits sapins qui montaient en « Sous-Roches » y devenaient de noires forêts. Seule la ligne du village étendu sur la crête gardait son intouchable beauté sévère, comme un bastion surveillant la Bresse où le soleil couchant s'enveloppait de brumes magiques. Plus tard, la pleine lune s'annonçait au-dessus des Roches par une lueur de plus en plus vive, puis elle semblait bondir en plein ciel. Est-ce ce premier été qui t'a conquis ? Il t'a pourtant montré les aspects les moins plaisants : le vent qui se met tout à coup à hurler, tordant les arbres, secouant portes et fenêtres comme pour vérifier leur solidité, envoyant des messages par les cheminées sous forme de feuilles mortes ou d'insectes ahuris, se taisant brusquement pour reprendre de plus belle à l'heure où les dormeurs harassés se jurent d'aller dormir ailleurs l'été prochain ; et les orages démesurés, dignes d'une tempête en haute mer, qui se terminaient par des arcs-en-ciel bibliques, les plus beaux qu'on puisse voir avec les sept couleurs du prisme, auréolant le village d'un cercle de beauté et de paix.

C'est cette paix que tu apprécies entre toutes choses quand la nature nous l'accorde. Paix des chemins creux incitant aux longues promenades solitaires. On y faisait encore, en ce temps-là, des rencontres inattendues : une vache en quête d'indépendance mais assez courtoise pour laisser le passage à l'étranger ; il y avait surtout un petit troupeau de chèvres extrêmement sociables et bavardes qui nous accompagnaient toujours un bout de chemin. La campagne était pleine d'animaux familiers ou d'insectes étranges : cerfs-volants, libellules au vol capricieux et les papillons, plus beaux même que les fleurs sur lesquelles ils se posaient. Et les ammonites qu'on trouvait dans les Engoulures rendaient la promenade moins monotone. Paix du village aux rues en pente où l'on ne s'attarde pas. Le marché du vendredi et la messe du dimanche amènent aux extrémités du bourg une animation inhabituelle. Les habitants de Treffort ressemblent à leur pays : aimables sans indiscrétion, toujours prêts à rendre service sans jamais s'imposer...

Souvenirs
d'enfance et de jeunesse

Mon enfance à Altillac

« *On ne peut pas entrer deux fois dans le même fleuve* », dit Héraclite. C'est ce dont je me suis dès longtemps persuadé, ayant vécu mon enfance et mon adolescence à deux pas de la Dordogne, rivière que, tout en gardant les vaches dans un pré au bord de l'eau, je regardais durant des heures, admirant ses inlassables variations. Et je l'aimais, notamment lorsqu'elle se faisait craindre, sortant soudain de son lit, se jetant en fureur contre les arches du pont de Beaulieu, recouvrant les rives et les prairies. Merci, rivière Dordogne, de rompre un peu la monotonie des jours, de faire parler les gens, de bousculer les habitudes.

La rivière grossissait par l'effet des fortes pluies ou de la fonte des neiges sur les monts d'Auvergne. Rivière changeante, neige, pluie : j'aimais la vitalité, l'esprit d'improvisation de la nature. Mais, s'agissant de la pluie, il y avait quelque chose d'autre. Les jours de pluie, je n'avais pas à aller travailler dans les champs. Quel bonheur aux premières gouttes ! Qu'il pleuve, qu'il pleuve sans arrêt pendant mille ans ! Tel était mon souhait. Car la pluie signifiait que je pouvais rester dans ma chambre, tout à mon bonheur de lire. Aujourd'hui encore, je réagis de même à la pluie. Il ne pleut jamais assez longtemps à mon gré. Les années de sécheresse que nous venons de connaître ont été pénibles pour moi.

Vers 1930 (je suis né en 1922), le travail des champs n'était guère mécanisé. Eût-il été moins ennuyeux s'il l'eût été ? Il eût été, en tout cas, plus vite expédié. Le tracteur était inconnu. La faucheuse et le « brabant » (la charrue) étaient tirés par des vaches. « Étaler » le foin, le « retourner », le « rassembler », cela se faisait à la main, avec la fourche et le râteau. Sarcler ou « arracher » les pommes de terre, biner ou « piocher » la vigne, cela aussi se faisait à la main, avec la binette, la « tranche » ou le « piochet » (sans doute le « piochon » du Littré). Pas non plus, bien sûr, de scie mécanique, mais le passe-partout, la scie à main, la hache. Bref, c'était le temps de la main et de l'outil, pas encore de la machine. On demandait beaucoup aux vaches (nous n'avions ni bœufs ni chevaux). Selon les moments, elles tiraient, depuis les champs jusqu'à la grange ou à la cave, le « tombereau » rempli à ras bord de pommes de terre, le char sur lequel une dizaine de « bastes » pleines de moût de raisin pesaient très lourd, ou, tout simplement, la grosse charretée de foin.

En ces années trente, étions-nous heureux ? Oui, en dépit du sentiment de pauvreté et de « tirer le diable par la queue » qui harcelait mon père. Car nous étions une famille unie : mon père et sa vieille mère, ma tante (ma mère étant morte à ma naissance, mon père avait, cinq ans après, épousé sa sœur), ma sœur et mon frère sensiblement plus jeunes que moi, tous, dans la difficulté et la précarité, étions heureux d'une sorte de bonheur de fond qui n'excluait pas les soucis, les ennuis de surface. La joie affleurait certains jours : ainsi le dimanche lorsqu'on s'apprêtait pour aller à la messe, ou les jours où mon père faisait le pain. On le voyait brasser la pâte dans la maie de ses bras puissants, former les « tourtes », les disposer sur la large pelle de bois, les porter ainsi jusqu'au four devant la maison, les « enfourner » ; et ma tante, ce jour-là, faisait une belle tarte aux pommes, que nous aimions « bien cuite ». Ce jour-là, on se « régalait ». Le dimanche, aussi, n'était pas un jour comme les autres. On allait « chercher de la viande » (le porc n'étant pas « de la viande ») ; dans les grandes occasions, on tuait un poulet. Le pain et les pommes de terre, avec les œufs, le jambon et le « salé », formaient la base de l'alimentation. Ma tante, qui savait cuisiner, préparait des repas divers et appétissants. Et le matin, avant de partir pour l'école, j'avais droit à un grand bol de « phoscao » avec du « pain trempé ». Les hommes, eux (à savoir mon père et un vieux serviteur qui logeait chez nous), mangeaient « la soupe » et les « châtaignes rascalées », que les femmes avaient préparées en se levant bien plus tôt qu'eux, le matin.

L'hiver avait ses avantages. Les champs, les vignes ne sollicitaient pas encore le travail. Les jours étaient courts et l'on se couchait tôt, excepté les soirées où tels ou tels de nos voisins venaient « veiller ». Alors on faisait un grand feu dans la cheminée, nourri de grosses bûches, et l'on formait cercle autour du « cantou ». Ma tante préparait du vin chaud. Je n'écoutais guère les grandes personnes ; je me tenais tranquille, regardant le feu. Je ne lisais pas car la lampe à pétrole n'éclairait guère. Je songeais que j'allais bientôt me retrouver dans ma chambre glacée et je retardais le moment. Car, à part la cuisine, où était la cheminée, aucune pièce n'était chauffée, bien sûr. C'est vers ma dixième année que nous eûmes à la fois l'eau courante, qu'auparavant il fallait aller chercher au ruisseau, et l'électricité. Je pus lire et travailler le soir, mais non sans me « fatiguer les yeux », disait ma grandmère, car mon père, par économie, ne mettait guère que des ampoules de 15 watts.

Je ne regrettais pas l'hiver, tout en appréhendant les autres saisons. Car, dès la poussée de l'herbe, il fallait aller garder les vaches ; avec la taille de la vigne, il fallait « sarmenter ». Je pense, aujourd'hui, que ces heures où je menais au pré nos quatre vaches, les y « gardais », les en ramenais, eussent passé plus vite si j'avais eu un livre. Mais il n'y avait pour ainsi dire pas de livres à la maison (j'entends de ceux qu'on lit pour le plaisir), et il ne venait à l'esprit de personne que l'on pouvait très bien garder les vaches un livre à la main.

Au mois de juin, la moisson s'annonçait. C'était une période agréable. Un voisin venait aider à lier (à la main) les gerbes de froment dans les champs, à former les « croix » (c'est-à-dire des tas bâtis en forme de croix), à « plonger » (c'est-à-dire à rassembler toutes les gerbes en un grand tas en forme de pain de sucre). Divers cultivateurs édifiaient leurs « plongeons » au même endroit, afin que la « batteuse » n'ait pas à se déplacer. Comme les autres enfants, je surveillais l'arrivée de la batteuse, avec sa « chaudière », sur la route nationale 140, et venais l'annoncer. « La batteuse est arrivée ! » Alors les « hommes », qui attendaient cela après la soupe du matin, se précipitaient au travail, les uns préposés au grain, d'autres à la paille. Ce jour-là, le repas de midi était presque un repas de village. La viande de porc abondait. Mais le repas ne durait pas, car le patron de la batteuse ne tardait guère à faire mugir sa sirène. Le soir, « rentrer » les sacs de grain, à savoir les transporter de la charrette à la maison puis au grenier où ils seraient au sec, était, pour les hommes, la tâche la plus pénible : chacun avançait à bien petits pas, courbé sous une charge de 80 kg.

La moisson terminée, venaient les foins. Et là, je participais de toutes les étapes, de toutes les activités : ôter l'herbe couchée pour éviter que la faucheuse, entravée, ne s'« engorge », étaler l'herbe en paquets, la « tourner » puis « retourner » ce qui était maintenant du foin, le rassembler en « cordes » puis en meules ; sur le chariot, recevoir les brassées que l'on me donnait, les entasser, enfin aider à « décharger », soit en maniant la fourche, soit en tassant le foin dans la grange, ce qui ne se faisait pas sans qu'on avalât beaucoup de poussière. J'étais, ces jours-là, constamment trempé de sueur et très assoiffé ; mais nous n'avions jamais d'eau fraîche à boire : pourtant l'eau, même presque tiède, était bonne et rafraîchissante lorsqu'on y ajoutait ces « lithinées » que l'on trouvait alors en pharmacie.

Au mois d'août, le soin de la vigne dominait. « Soufrer », « sulfater » avaient été, au printemps et au début de l'été, l'affaire de mon père. En juillet-août, il y avait encore soit à piocher la vigne, ce qui signifiait aller assez profond, soit à biner, ce qui consistait plutôt à racler l'herbe en surface. J'éprouvais, pour ces activités, une grande antipathie, et je ne m'y fusse jamais résolu sans le commandement de mon père. Il faut dire qu'en ce temps-là, « obéir à ses parents » était une des premières règles de la morale. Au fur et à mesure que le temps passait et que le raisin allait vers sa maturité, l'inquiétude se faisait plus vive : « aurons-nous un orage ? » La crainte de la grêle dévastatrice dominait les esprits. On avait souvenir de l'orage du 24 août 1928, qui avait détruit une récolte qui s'annonçait des plus belles, tout en compromettant celles des années suivantes, tant les vignes avaient été profondément ravinées. Les ceps montraient partout leurs racines ; un homme pouvait se cacher dans ces fondrières sans qu'on le vît. Cet orage fut pour nous une catastrophe. Le lendemain soir, je vis, pour la première fois (il y en eut une seconde lorsque mon cousin Fernand fut tué en juin 1940), mon père pleurer : « Que je suis malheureux ! », disait-il, et cela m'a marqué. Il était courageux pourtant ; il avait fait la guerre, plus tard il cacha dans sa grange les armes du maquis : dénoncé, arrêté par la milice, il garda un calme parfait. Mais il ressassait encore sa grande malchance d'avoir perdu ma mère qu'il avait aimée d'un amour fou, et maintenant, sans doute, il songeait à moi (en 28, ma sœur n'était pas née). Nous vivions, avant tout, sur les produits de la ferme. Nos ressources, à la vente, étaient maigres : les noix, un peu de vin, un veau de temps en temps. Mais de la récolte de noix comme de vin, il ne restait rien, et le régime d'indemnisation pour « calamités agricoles » n'existait pas. Sans cet orage de 1928, mon père m'eût-il, le moment venu, « mis » au Lycée ? Je ne le crois pas. Il ignorait sans doute l'existence d'un Lycée à Tulle, et, de toute façon, le Lycée n'était pas pour nous : nous ne faisions pas partie, n'est-ce pas, des « bonnes familles » ?

Supposons maintenant une année normale. Le temps des vendanges arrive. Je passe dans les vignes avant les vendangeurs pour cueillir quelques paniers de raisin « greffé », les meilleurs pour la table, que l'on mettra à sécher sur la paille : ils seront encore bons les premiers mois d'hiver. Les vendanges sont l'occasion de faire une « avouade ». Les voisins sont convoqués pour nous aider un jour ou deux à la cueillette du raisin. Cela ne se refuse pas. Je vais d'un vendangeur à l'autre pour vider les paniers dans les « comportes » (autre nom des « bastes »), qui se remplissent vite. Le soir, chacun vient au repas. Je me souviens d'une jolie voisine qui chantait. Ma tante aussi a chanté quelques fois ; elle avait une voix très belle.

La maison, ensuite, embaumait de l'odeur de cuve et de pressoir. Le moût était pressé dans les cuves à pieds nus : c'était « froustir ». Cela m'est arrivé aussi, notamment lorsqu'en 39, mon père étant mobilisé dans une fabrique de poudres près de Clermont, j'eus la charge complète des vendanges. Je « fis » plus de cent « bastes » de vin (la « baste », non plus comme récipient mais comme mesure de capacité, étant le demi-hectolitre). Le moût, sorti des cuves, était pressé. Plus tard, il n'était pas jeté mais distillé, et, à l'automne, on pouvait, dans quelque lieu abrité, à l'écart des routes, entrevoir l'alambic, et sentir l'odeur revigorante de l'eau-de-vie. Quand on fait le vin, cela aussi se sent de loin. Le facteur, les amis de passage font halte, engagent la conversation ; et l'on goûte le vin nouveau. « Vous m'en garderez une pièce », entend-on parfois (la « pièce » est la barrique de 220 litres). Et mon père de charreter son vin de nuit, par chemins de traverse, pour ne pas payer les droits.

Au moment de ramasser les noix, mon père était occupé à la cave. C'est à moi que revenait, pour une large part, la fastidieuse besogne (plus tard, c'est à mon frère qu'elle revint). À rester courbé, j'avais bien vite mal aux reins. J'essayais alors de faire le ramassage accroupi, la main gauche appuyée sur l'anse du panier, la droite saisissant, chaque fois, une poignée de noix. Mais cela n'allait guère bien. Je me redressais, travaillais à nouveau courbé, avant d'essayer à nouveau la position accroupie. Ainsi s'écoulait la journée. Les noix étaient mises à sécher dans le hangar, sur un plancher de lattes à claire-voie, puis vendues. En 1939, l'année fut bonne. Je « fis » pour 636 francs de noix, que je remis scrupuleusement à ma tante, ne lui suggérant même pas de me « laisser » cinq francs. L'idée que le travail des enfants et des adolescents devait être payé ne serait venue, alors, à l'esprit de personne. La famille était une communauté dont les membres n'avaient pas de personnalité économique. À dix-sept ans, tous mes besoins, ou du moins tout ce que l'on estimait être mes besoins, étaient couverts, mais je n'avais pas d'argent de poche. Tout au long de mon enfance, ma tante m'avait donné soit cinq sous pour le petit pain de quatre heures (plus, de temps en temps, un sou pour le mendiant qui, au milieu du pont de Beaulieu, tendait sa sébile), soit l'argent des fournitures scolaires, soit tant ou tant pour ceci ou cela, en demandant. Par fierté, du reste, je demandais rarement, en justifiant toujours. J'avais toujours senti qu'il y avait peu d'argent à la maison. « Et puis, qu'importait l'argent ! Qu'avait à faire l'argent avec les vraies valeurs ? Si l'on m'eût payé pour mon travail, quel recul ! Comment, d'ailleurs, eût-on pu payer mon soin, mon application, mon amour ? Ma tante a bien fait de ne pas me laisser cinq francs. » Voilà, du moins, ce que je me dis aujourd'hui ; car alors…

Je parle surtout du travail, car qu'y avait-il d'autre ? Les vacances ? Il n'y en avait pas. Les « grandes vacances » scolaires, du 31 juillet au 1er octobre, ne signifiaient ni le « changement d'air », ni les voyages, ni les sports, ni les jeux collectifs, ni les colonies de vacances, ni les rencontres, la découverte de l'amitié, etc. : cela signifiait rester chez soi et jouer ou lire (ma tante de Paris m'avait offert des soldats de plomb, une boîte de mécano, un jeu de construction, et je ne m'ennuyais pas), ou, si le temps était beau, travailler dans les vignes ou aux champs. Les distractions ? Les jours de fête ? Oui, cela comptait. Aux premiers jours de septembre, il y avait, comme aujourd'hui, la fête des Corps Saints à Beaulieu. Enfant, l'on m'amenait « aux manèges ». C'étaient les chevaux de bois, à la rigueur les balançoires ; mais pas question d'aller sur les « pousse-pousse » qui effrayaient rien qu'à les voir, ni sur les « montagnes russes », qui donnaient le vertige. En rentrant, on croquait des berlingots. À l'approche de Noël, on respirait un autre air, comme si l'on sortait du temps. La nuit de Noël gardait son mystère. Le Père Noël passait. Il n'était pas riche ; mais ma tante de Paris m'envoyait ce que j'ai dit, et aussi, quand j'eus douze ans, des livres : une année, *Les Trois mousquetaires,* l'année suivante, *Vingt ans après.* Il était de tradition que les enfants, au 1er janvier, allassent souhaiter la « bonne année » aux voisins ; et ceux-ci en retour, donnaient quelque chose : qui une barre de chocolat ou un petit sachet de « crottes », qui une orange.

Nous étions heureux, je l'ai dit. Je me souviens très bien que – sauf à l'approche de Noël, alors qu'allait arriver le cadeau de ma tante –, j'étais pratiquement sans désir (encore, à l'approche de Noël, mon désir restait-il le désir indéfini de quelque chose de merveilleux : je ne savais pas, en effet, à l'avance, quel serait le cadeau, ma tante voulant me faire « la surprise »). Comment désirer ce dont on ne sait rien ? Il n'y avait rien autour de mon village de quoi me tenter, et aucune sollicitation précise ne venait d'ailleurs. Pas de poste de radio à la maison, rarement un journal. L'attente de quelque chose de vague, d'un bonheur imprécis qui pourrait m'arriver n'existait pas pour moi. Les musées, les spectacles étaient privilèges des villes. À la campagne, inutile même d'y penser. Il y avait pourtant, à Beaulieu, un cinéma qui offrait, je crois, une séance hebdomadaire. Mon père m'y amena une seule fois. Nous vîmes *Les Cinq Gentlemen maudits.* Ainsi, à dix-huit ans, je n'étais allé qu'une seule fois au cinéma, et j'avais vu un film auquel je n'avais compris goutte.

Mon père, pourtant, était tendu vers les nouvelles du dehors. Mais, s'il parlait politique, c'était plutôt avec son ami, le Maire d'Altillac, avocat à Figeac, car il était lui-même conseiller municipal (plus tard, il sera Maire de 1958 à sa mort, en 1977). À la table familiale, il préférait, lorsqu'il n'était pas comme muré de tristesse en lui-même, évoquer ses souvenirs de guerre. Après la naissance de ma sœur, tout en la faisant sauter sur ses genoux, il lui arrivait même de chanter *La Madelon* : « *Quand Madelon vient nous servir à boire/ Sous la tonnelle, on frôle son jupon/ Et chacun lui raconte une histoire/ Une histoire à sa façon/ La Madelon pour nous n'est pas sévère...* » Mais ce qui m'a marqué, ce sont ses récits de la guerre elle-même : l'horreur des heures matinales, lorsque la compagnie doit « monter à l'attaque », les péripéties de l'attaque où vous voyez votre ami tomber à vos côtés la tête en sang et qui hurle de douleur et vous appelle en vain car il est interdit de s'arrêter, le bondissement dans la tranchée allemande quand la baïonnette s'enfonce dans les corps. Tout cela m'a laissé une impression insurpassable de dégoût, sans trace d'admiration pour ceux qui, sous prétexte d'obéissance, se prêtaient à ce délire. Oui, les récits de guerre de mon père ont fait de moi un pacifiste, ce qu'il n'était pas lui-même mais, s'il n'était pas dans ses intentions que je le devienne, pourquoi ne pas me montrer l'autre face des choses : la défense du sol, le devoir, la patrie ?

Aujourd'hui, les campagnes (j'entends les régions rurales) sont politiquement mornes. En 1936, alors qu'approchaient les élections qui amenèrent au pouvoir le Front Populaire, elles étaient fébriles. J'étais alors élève au Cours Complémentaire de Beaulieu ; des camarades, certains politisés, d'autres par jeu, m'accompagnaient, après l'étude du soir, le long du chemin de campagne sous la lune, en chantant *La Jeune Garde*. Lorsque le candidat socialiste vint parler à la mairie, il y avait autant de monde dans la cour que dans la salle, trop petite (chose qui plus jamais n'advint). Les rencontres entre paysans tournaient vite à la discussion politique ; elles s'échauffaient parfois. La crainte était chez certains, mais ce n'était pas la note dominante. Un espoir insensé flottait partout. Comme l'Église, conservatrice, était ancrée à droite, l'attachement qu'on lui portait se relâcha. On sentit une certaine tiédeur. Mon père cessa de porter le dais aux processions. À l'approche de Pâques, on n'entendit pas, comme auparavant, sur les places des villages à la tombée de la nuit, les hommes chanter la vieille complainte, si belle et qui avait traversé les âges, « *La Passion de Jésus-Christ* » : « *La Passion de Jésus-Christ/ qu'est moult triste et dolente/ Écoutez-la, petits et grands/ s'il vous plaît de l'entendre…* » (invité, il y a un an ou deux, à France-Culture, j'ai demandé qu'on la chantât – elle le fut par la voix d'Yvette Guilbert – : ma demande en surprit plusieurs). Le jour de Pâques, l'Église ne fut pas aussi pleine que d'habitude. Jusque-là, chaque jour avant le coucher, ma tante disait en famille la prière du soir. Sans que cela ait un lien direct avec la politique mais parce qu'un nouvel état d'esprit se créait, il ne fut bientôt plus question de la prière du soir. Je pus enfin cesser d'aller aux vêpres, et bientôt à la messe. Je renonçai, avec soulagement, à ce donc la signification, lors même que j'avais été enfant de chœur, m'avait toujours – était-ce faute d'« instruction religieuse » ? – grandement échappé. Ce n'était pas que l'on devint anticlérical (on ne le fut jamais dans ma famille) ; c'est plutôt que le sentiment

nouveau se formait que la providence de l'homme peut
n'être encore qu'une providence humaine.

Je viens de faire allusion à ma scolarité. Elle se déroula à
Beaulieu surtout. J'ai donc peu à en parler, car mon propos
se limite à décrire « mon enfance à Altillac », avant que
j'eusse passé le pont. Je me bornerai à évoquer les quelques
années que je passai à la très républicaine et très laïque école
du Pont. J'en garde un souvenir radieux, mon seul regret
étant, peut-être, de n'avoir été alors que parmi les « petits »,
non parmi les « grands ». J'ai sous les yeux la photo de classe
de l'année scolaire 1928-29. Les élèves sont disposés en pyra-
mide, avec, au faîte, le maître, Monsieur Briat. Je compte
vingt garçons ; à côté cinq filles (les autres sont à l'école
des Sœurs) et leur maîtresse. Au premier rang, les « petits »,
dont je suis, tenant au bout des doigts ma casquette ; ils
sont sept. Derrière, sur une marche plus haute, les huit
« moyens », dont Pellico au fin visage. Plus haut encore, les
cinq « grands », deux desquels ayant le privilège de sentir,
posée sur leur épaule, la main protectrice du maître. Dans
mon souvenir, les « grands » me font l'effet d'avoir dix-sept
– dix-huit ans ; je les grandis : si j'en juge par la photo, ils
ne devaient pas avoir plus de treize-quatorze ans. La tenue
de tous est exemplaire : les « grands » et les « moyens » ont
des blouses impeccables, les « petits » des tabliers proprets.
Monsieur Briat donnait l'exemple : il était toujours en
costume sombre, avec gilet, col haut et nœud de cravate,
pochette, et les manchettes immaculées. Sur la photo, il se
tient droit et fier, conscient de l'idéal qu'il incarne ; le chef

dégarni, la sobre moustache noire, la barbichette blanche, il donne l'exemple d'une sagesse débonnaire et mûrie.

Dans le domaine des matières scolaires – l'écriture, le calcul, l'orthographe, la rédaction –, Monsieur Briat m'a-t-il enseigné quelque chose de précis ? C'est probable, et je veux le croire. Mais Épicure conseillait une mémoire sélective : oublier les mauvais moments, se souvenir des bons et éprouver de la gratitude envers la vie pour les avoir vécus, telle est la réminiscence épicurienne. Ma mémoire est sans doute très sélective, car je n'ai pas souvenir d'une peine ou d'un travail quelconques. Nous rentrions en classe à huit heures. Je vois Monsieur Briat aller au tableau noir, écrire de la gauche vers la droite une longue suite de chiffres : 8, 7, 9, 6, 3, 9, etc. ; arrivé au milieu du tableau, il trace la barre de la division puis écrit une autre longue suite de chiffres. Voilà le dividende et le diviseur ; il ne reste qu'à trouver le quotient. Mais que signifiait « la » division du matin ? Simplement qu'à la fin de la matinée, deux ou trois élèves, parmi les « grands », devaient faire état d'un résultat, résultat qui était alors adopté par nous tous, qui, durant la matinée, occupés à autre chose, tandis que Monsieur Briat lui-même lisait son journal, leur avions fait pleinement confiance.

Il arrivait que Monsieur Briat, derrière son journal, s'assoupît quelque peu. Alors un certain laisser-aller régnait dans la classe, mais toujours dans le plus grand silence. Je me souviens d'un jour particulièrement paisible. Les « grands » avaient même fermé à clef la porte d'entrée de la salle de classe pour éviter tout dérangement. Les uns, parmi nous, jouaient au loto, d'autres à la bataille navale ;

d'autres avaient sorti leur hanneton de sa boîte et, tout en le retenant à la patte par une ficelle, le regardaient remonter la pente de leur pupitre vers l'encrier. Il en était qui tentaient d'accrocher au plafond des serpentins de papier. J'avais demandé à Pellico de m'apprendre à lire. Il avait un petit visage triangulaire, des yeux malins et moqueurs, sous une énorme crinière de cheveux blonds bouclés. « G.u.e : gue », faisait-il, et je voyais tomber sur la page l'une de ses boucles en forme de G. Soudain, on frappe à la porte. Les « grands » se regardent. Que faire ? Les coups redoublent. Un « grand » va ouvrir. Un monsieur en colère traverse la salle de classe à grandes enjambées. Monsieur Briat est tout rouge. Sur ce, l'Inspecteur – car c'était lui – décide de nous interroger. Il s'adresse à celui qui est au premier rang. C'est Pierrot. « Toi, mon petit, cite-moi un verbe. » Pierrot se lève et n'hésite pas : « lune ». Sans être très sûrs que « lune » soit vraiment un verbe, nous nous sentons très fiers de notre Pierrot. Du reste, l'importun se le tient pour dit. Après une nouvelle explication, assez colérique, avec Monsieur Briat, il part, et nous nous retrouvons entre nous. Monsieur Briat nous félicite pour avoir été « sages ». Il nous fait nous aligner le long du mur et nous distribue des « surprises » et des gâteaux. Revenus à notre place avec nos gâteaux, il nous sert du vin blanc. Il n'y a qu'un verre mais qui circule, et chacun à son tour fait trempette dans son verre plein. Monsieur Briat nous enseignait ainsi comment un verre de vin blanc peut relativiser la visite d'un inspecteur. C'était un philosophe, et qui savait éduquer – sinon instruire.

Je viens de parler des heures de classe. Mais elles n'avaient tout de même pas autant d'importance que les heures de récréation et les promenades. Les récréations étaient très longues, et souvent ne se terminaient qu'à l'heure de partir. Elles étaient l'occasion de toutes sortes de jeux collectifs – « la Sainte Vierge et le diable », les barres, etc. – que les « grands » et les « moyens » vivaient intensément. Les « petits », qui couraient grand risque d'être bousculés, ne se hasardaient guère à y participer. Des échalas, posés contre un mur, formaient une sorte de cabane où je m'abritais. Il faut d'ailleurs reconnaître que les récréations, et parfois les heures de classes, pouvaient être occupées par des travaux éducatifs, comme aller chercher de l'eau, bêcher le jardin (travail de responsabilité réservé aux « grands »), ou, à la saison, faire, le long de la route nationale 140, le ramassage des écorces de platane pour alimenter le poêle. Car il y avait, jusqu'à la limite de la Corrèze et du Lot, deux rangées de platanes magnifiques qui faisaient de la route une allée couverte. On les a d'abord étêtés avant de les couper, pour la plupart.

Il y avait des promenades courtes, qui se limitaient à aller vagabonder au bord de l'eau, les rives de la Dordogne ayant bien des ressources pour nous plaire. Et il y avait les promenades longues, qui nous prenaient tout l'après-midi. On allait dans un vallon boisé, les « Ayres », près du ruisseau de Tartarel. On ne partait pas sans rien : pour l'un, ce n'était qu'un bout de pain et un morceau de chocolat, pour un autre, un ou deux petits gâteaux secs, mais, pour les « grands », c'était souvent des rondelles de saucisson et autres cochonnailles. On s'installait près du ruisseau, on jouait, on devisait, on mangeait, puis Monsieur Briat ouvrait le grand sac que les « grands », à tour de rôle, avaient porté, et en sortait les « surprises » qu'il nous distribuait.

Nous aimions beaucoup Monsieur Briat. Pédagogiquement, je n'entends pas l'exalter. Mais c'était un vrai maître pour les choses essentielles – ce que l'on appelait, dans les classes de ce temps plus rigoureusement conduites, l'instruction civique et la morale. Il ramenait l'histoire de France à quelques grandes figures ; mais Vercingétorix, Jeanne d'Arc, le chevalier Bayard n'étaient pas des sujets de « leçons d'histoire » : plutôt des modèles, des sources d'inspiration et des principes. La morale n'était pas non plus l'objet d'une leçon ; elle était le secret fil conducteur de la journée, depuis le « Bonjour, monsieur » du matin en arrivant, jusqu'au « Au revoir monsieur » du soir. Monsieur Briat était, par lui-même une leçon vivante de « tenue », de courtoisie, de bienveillance. Toujours « tiré à quatre épingles », le respect de l'enfant passait, à ses yeux, par le respect de soi-même. Auprès de lui, les vertus de propreté, de décence, de franchise, d'honnêteté, de ponctualité, de serviabilité, de gentillesse, de bonne humeur, et la grande vertu de politesse, n'avaient nul besoin d'être formellement enseignées pour être vécues. La classe était un lieu de vie qui avait sa fin en lui-même (car il ne fut jamais question de nous préparer à quelque examen que ce soit).

D'où vient que l'effectif de la classe chuta brusquement, passant d'une vingtaine d'élèves à un seul ? Il est possible que certains parents d'élèves, sensibles surtout aux côtés positifs

et terre à terre de l'instruction, et négligeant l'essence spirituelle d'une vie scolaire quasi céleste, aient attiré l'attention
des autres sur notre remarquable ignorance. Quoi qu'il en
soit, vint une rentrée d'octobre où je dus, le cœur gros,
passer devant notre chère maison d'école sans entrer, suivre
la grand-route jusqu'au pont et passer le pont… Je m'arrête,
car, de l'autre côté du pont, ce n'est plus « mon enfance à
Altillac ».

Mon adolescence à Beaulieu

Depuis que j'ai écrit « Mon enfance à Altillac »,
plus d'une année s'est écoulée, au cours de laquelle je me
suis occupé, essentiellement, de Parménide. Je souhaite-
rais prolonger mon séjour en Grande Grèce, ou, peut-être,
revenir, une fois encore, sur les côtes ioniennes. Mais j'ai
promis de conter mes années d'adolescence, et ce qui
est promis est promis (sachant que je tiens toujours mes
promesses, je m'efforce de promettre le moins possible,
mais, comme je n'aime pas décevoir, je me trouve souvent
pris au piège de mes engagements). Je me mets donc au
travail, mais sans aucun enthousiasme, car j'éprouve extrêmement peu d'intérêt pour mon propre passé. Alors que,
parlant de l'école du Pont et de monsieur Briat, je me suis
fié à ma mémoire, il n'en va pas maintenant tout à fait de
même : j'ai retrouvé quelques vieux cahiers, un ou deux
« carnets de correspondance » ; de là, dans ce que je dirai,
des précisions dont on pourrait s'étonner.

Né un 27 mars, j'ai neuf ans et demi lorsque, un jour
d'octobre 1931, je « passe le pont », ma tante, émue comme

moi, me tenant la main, pour aller à l'école communale de Beaulieu, où j'entre en cours moyen première année, dans la classe de Monsieur Soustrot. J'ai dix-huit ans et demi lorsque, reçu « major » au concours d'entrée à l'École normale de Tulle, je découvre, en octobre 1940, le Lycée Edmond Perrier à Tulle, où les normaliens seront « élèves-maîtres », fondus parmi les lycéens, mais internes et boursiers. Ces neuf ans de vie comprennent deux périodes bien différentes, l'une, de trois ans, qui fut ce qu'elle devait être, l'autre, de six ans, qui ne fut pas ce qu'elle devait être. Je pourrais marquer la fin de la première par la date de mon « certificat d'études » (ainsi appelait-on une sorte de certificat de fin d'études pour les enfants du peuple, dont les enfants de la bourgeoisie, qui entraient au Lycée, n'avaient pas à se soucier) ; mais, de ce certificat d'études, je n'ai aucun souvenir. C'est pourquoi je préfère arrêter cette période au jour de ma première communion, dont la coutume voulait que ce fût un grand jour de fête. Mes tantes firent avec moi le voyage de Brive, où l'on m'acheta un costume marin avec lequel on alla chez le photographe, où je dus le mettre puis l'ôter, car il ne fallait pas le « salir » dans l'autobus. La journée de la cérémonie fut longtemps méditée à l'avance. On invita, outre les cousins de Courmat et ceux de Cahus, monsieur Gleize, un ami de mon père, conseiller général, qui, tout au long du repas, détailla les vertus du riz non décortiqué. J'attendais la crème aux œufs, dessert délectable et bien mérité, me semblait-il, après la longue matinée, où j'avais prononcé, avec beaucoup de sérieux et très solennellement, quoique mécaniquement : « Je renonce à Satan, à ses pompes [?] et à ses œuvres. Je m'attache à Jésus-Christ pour toujours. » Ma tante, en préparant la crème, l'avait goûtée, ce dont elle était allée s'accuser auprès de Monsieur le curé, avant la messe, pensant qu'il lui permettrait, malgré tout, de communier. Mais il ne le permit pas, parlant de péché mortel, et ma tante en fut très contrariée et triste ; par la suite, elle en voulut au prêtre, tout en s'accusant d'une faute dont elle ne doutait pas.

Le terme de l'autre période est marqué par le sentiment de victoire qui fut le mien lorsque je fus reçu premier au concours dont j'ai parlé. C'était un mois environ après l'armistice, en juillet 1940. Les choses reprenaient leur cours normal. Les épreuves du concours, reportées, avaient lieu. L'énorme travail que j'avais dû accomplir, auquel aucun autre que je fournis plus tard, pour d'autres examens ou concours, ne me parut jamais comparable, cet énorme travail portait ses fruits. J'avais, en toutes matières ou presque – car il faut excepter la musique et la gymnastique – des notes « mirobolantes », dont un 19/20 en composition française.

Ma joie fut extrême : ce fut la plus grande de ma vie. J'échappais au monde du travail agricole. Je changeais d'univers : la liberté était devant moi. Je ne me rendais pas compte du gâchis, puisque le succès auquel mes facultés étaient proportionnées était bien plutôt celui du concours d'entrée à l'École normale supérieure, concours dont j'ignorais, bien sûr, l'existence, tant l'abîme était grand qui séparait les deux fractions de la société : d'un côté la bourgeoisie, de l'autre le peuple.

L'une des chances que j'ai eues a été d'avoir échoué au concours d'entrée à l'École normale de Tulle à ma première tentative, en 1939. J'avais été admissible, mais j'eus, à l'oral, un zéro éliminatoire en gymnastique. L'épreuve était unique. Je me trouvai devant une traverse horizontale soutenue par deux montants : un appareil que je n'avais jamais vu. Que faire ? Je « paniquai ». La barre était si haute que je désespérai de pouvoir la saisir. Je crus qu'il fallait grimper par l'un des montants, se déplacer sur la barre avec les mains, pour redescendre de l'autre côté. Les normaliens des promotions précédentes, qui séjournaient à l'École, assistaient aux épreuves. J'eus un succès considérable. Mais je dus repartir tristement, avec mon père, déçu et triste lui aussi. Toutefois, j'étais si déterminé que, dans la voiture qui nous ramenait de Tulle à Beaulieu, je commençai, en vue du concours de l'année suivante, mes révisions de chimie. Pourtant, en 1940, la gymnastique, encore, faillit me jouer un mauvais tour. Mon enseignant, Monsieur Salesse, directeur du Cours complémentaire de Beaulieu, vexé de mon échec, avait fait installer, dans la cour de récréation, une barre fixe, et, toute l'année, je m'y étais exercé, réussissant le « petit soleil », le « grand soleil ». Mais nul ne s'était soucié des autres agrès, de sorte qu'à mon second concours, je n'étais préparé qu'à la seule épreuve de la barre fixe. Je fus donc surpris et déconcerté lorsque je me trouvai devant une simple corde haut suspendue. Mais que faire sinon grimper ? La solution, cette fois, était bonne. J'eus la moyenne ou presque. Pourquoi mon premier échec fut-il une chance ? Je remets à plus tard de l'expliquer.

Je reviens à la première période, celle de l'école communale, et à son tout début, à ce jour d'octobre où « passant le pont », je laissai derrière moi le temps heureux de l'insouciance et de l'existence poétique, pour entrer dans l'univers impitoyable des notes, des « places », des compositions, des moyennes, des marges de cahiers bardées d'encre rouge ou bleue. Monsieur Soustrot imposait une existence purement réglementaire : il n'était plus question de quitter son banc ou de dire un mot à son voisin ; au jour dit, la leçon devait être apprise, le devoir devait être fait. Malheur aux lents, aux rêveurs, aux distraits, aux facétieux. Louis Verséjoux – « Louinau » –, venu comme moi d'Altillac, et qui s'y croyait encore, eut une gifle retentissante, qu'il soutint imperturbable comme un enfant de Lacédémone, le pire étant toujours de « répliquer ». Je n'étais pas au niveau d'une classe de cours moyen. À la première composition d'orthographe, j'eus 1/10 à la seconde encore 1/10. Mais je m'« accrochai », m'appliquai (je fus toujours un élève « appliqué »), m'adaptai. À la fin de l'année scolaire, mes progrès, en toutes matières, étaient sensibles, et mon intérêt naissait. Le cahier de travail manuel, le cahier de dessin, le cahier de cartes avaient tous mes soins.

Après monsieur Soustrot, j'« eus » monsieur Chassaing – peut-être jusqu'au Certificat d'études. C'était un grand jeune homme souriant : un vent paisible, un vent de gentillesse souffla. Bien plus tard, un jour de 1945, je me trouvai placé à côté de lui dans le « courrier » de Brive (ou de Tulle). Il rentrait de captivité ; il avait peu changé, apparemment, son alacrité, sa bonne humeur l'ayant, sans doute, beaucoup aidé. J'avais un bon souvenir de lui. La classe, avec lui, était contraignante, non effrayante. Il plaisantait parfois, nous surprenait souvent. Je me souviens d'un conseil qui nous laissa perplexes : il faut, nous dit-il, « se brosser les dents trois fois par jour ». Se brosser les dents ! Étrange idée ! J'en parlai à la maison : ce fut comme si je n'avais rien dit. En ce temps-là, à la campagne, la brosse à dents était inconnue. On n'allait pas chez le dentiste. Quand j'avais mal aux dents, ce qui n'était pas rare, mon père me disait : « Va te coucher. » Nous n'osâmes demander un éclaircissement au maître, moi de crainte d'être ridicule devant Jean Veillerot, le villageois de la classe, un garçon réfléchi, posé, étonnamment calme et raisonnable, qui certainement devait se brosser les dents (il me l'a confirmé depuis). Ce n'est pas que Jean Veillerot fût un modèle pour moi – je n'eus jamais d'autre modèle que moi-même, en mon être virtuel –, mais il m'impressionnait, et je craignais d'autant plus son dédain qu'il ne l'eût exprimé que par un léger sourire. Il arrivait que le maître se moquât, et chacun, comme lui, s'empressait de rire des pauvres garçons de la campagne, qui, pour certains, n'avaient jamais parlé que le patois, et avaient bien de la peine, dans leurs rédactions, à ne pas appeler les pies « agaces » ou les violettes « pimpanelles ». Mon père parlait tantôt patois tantôt français, selon qu'il s'adressait à sa mère ou à ma tante : car, dans la maison de ma mère, on était allé à Paris, on y avait vécu, et l'on parlait un français sans fautes, à l'exception de quelques corrézianismes comme de dire « une » ongle, « un » vis, ou autres horreurs mineures, de sorte que, tante Alice ne parlant que le français, c'est aussi cette langue qui me fut naturelle – une chance qui n'était pas celle de la plupart des autres garçons du pays rural.

J'ai dit que cette période de l'école communale a été, pour moi, au contraire de la période suivante, ce qu'elle devait être. « Dictées », « problèmes », exercices d'écriture, de vocabulaire, de conjugaison, de calcul mental, « rédactions », « récitations », devoirs à la maison : tout cela avait sa raison d'être, et n'eût pas été sensiblement différent si j'eusse été élève dans les petites classes d'un Lycée. Il faut savoir, du mieux possible, le français – la grammaire, les mots –, savoir, du mieux possible, composer, savoir, du mieux possible, calculer, avoir le goût de la lecture : cela ne se discute pas. À l'âge de douze ans, mon handicap initial était, depuis longtemps, comblé. J'ai sous les yeux le « Carnet de correspondance » de l'année scolaire 1933-1934. La scolarité débute le 1er octobre et s'achève à la fin juillet : le 30 juillet, la classe (dictée, problème, exercice d'écriture) a lieu comme d'habitude. Les élèves sont classés chaque mois. Sur les dix mois de l'année, je suis quatre fois premier (sur dix-huit élèves), huit fois deuxième : premier suis-je lorsque Jean Veillerot est absent. Les « observations » du maître sont monotones : « très bon travail », « très bons résultats », « très bon élève ». Je l'emporte moins en intelligence, je crois (je ne suis devenu véritablement intelligent que plus tard et, pendant longtemps, je crus ne pas l'être), qu'en application, en scrupule, en bonne volonté. Je suis tenace, « accrocheur ».

Je sais, avant tout, que je dois prendre garde à ne pas mécontenter mon père : je pressens que ses colères seraient terribles. De bonnes notes ne signifient pas que je serai félicité mais que ces colères seront conjurées. Certes, ma tante me protège : j'ai droit à quelques peccadilles. Il suffit qu'elles n'arrivent pas, en écho, jusqu'à mon père. Par exemple, lorsque – c'était à l'âge enfantin –, ayant fouetté Marcelle, ma voisine, au visage avec des orties, et sa mère s'étant plainte (« votre Marcel est un gafissou »), j'expliquai malicieusement à tante Alice que je n'avais pu la fouetter aux jambes parce qu'elle avait des bas, je vis bien qu'elle se retint de sourire. Mais elle n'aurait pu me protéger en cas de faute grave. C'est pourquoi, toujours attentif aux limites, je me tenais « à carreau » ; j'étais exact, ponctuel en tout, m'efforçant de ne donner aucune prise.

Mes journées de classe se déroulaient sans accrocs. Le matin, je courais pour arriver en classe à huit heures. À onze heures, je courais pour arriver assez tôt à la leçon de catéchisme, qui avait lieu à l'église du bourg, sur la colline qui domine Beaulieu et la boucle de la Dordogne ; la leçon achevée, je courais pour aller « dîner » chez moi, au village du Rodai ; puis, je courais pour être en classe à une heure de l'après-midi. À quatre heures, lorsque je ne restais pas encore à l'étude du soir, je « passais le pont » pour la quatrième fois et, de là, plutôt que de rentrer chez moi, je rendais visite à ma grand-mère maternelle, qui habitait seule, maintenant, la maison de ma mère. Elle me faisait une belle et bonne crêpe, bien « moufle » (moelleuse), que je dévorais sous son regard aimant, ô combien ! Dès lors que je restai à l'étude du soir, je dus attendre de quatre à cinq, en errant dans la rue, le début de l'étude. Chaque matin, ma tante me donnait cinq sous pour le petit pain de quatre heures. J'allais vite, par la rue de la Gendarmerie, chez le boulanger Allègre ; le petit pain mangé, je « traînais » sous l'allée des Mûriers, m'ennuyant. À deux ou trois reprises, Couderc, le fils du coiffeur (celui de la place Marbot, que l'on surnommait « Bézingou »), me donna une barre de chocolat (il en avait une tablette), en vertu de quoi, bien plus tard, étant à l'armée, il me demanda de lui calligraphier une copie de son diplôme du Brevet élémentaire, ce que je fis à la perfection.

Je viens de dire que je craignais mon père. Je ne voudrais pas que l'on croie que je doutais de son amour. Mais si cet amour eût pu le conduire jusqu'au sacrifice, il restait implicite, s'exprimait peu, était dénué de tendresse. Quelque chose, je ne sais quoi, me faisait me comporter en coupable, comme si j'avais à me racheter. Et j'eusse voulu que mon père dise : « c'est bien », mais il ne le disait pas. L'été, j'allais « peler » la vigne depuis le matin jusqu'à l'angélus de midi : quel soulagement lorsque me parvenait enfin le son des cloches ! C'était quatre heures d'un ennui extrême, mais aucun pied d'herbe, si menu soit-il, ne survivait à mon passage. Un jour, au repas de midi, mon père, comme chacun, entendit ma grand-mère (sa mère, qui n'estimait rien tant que le travail) dire qu'elle n'avait jamais vu travailler aussi bien. J'aspirais de lui à un mot de félicitation. Mais il ne dit rien, comme si ce que je faisais ne valait pas qu'on en parle. Il arrivait qu'après le repas du soir, montant dans ma chambre, dûment aménagée dans une partie du grenier, et disant « au revoir » à ceux qui, eux aussi, allaient bientôt se coucher, j'allais à mon père encore assis à table, et l'embrassais légèrement sur la joue. Mais, comme perdu dans ses pensées, il restait figé, et ma tante devait lui dire : « Marcel te dit au revoir » ; alors seulement, il répondait : « au revoir, bonne nuit ». D'un caractère ardent, une impatience me prenait parfois de n'être pas, apparemment du moins, « reconnu » par mon père (« reconnu » : apprécié à ma juste valeur) – j'entends dans mes années de transition de l'enfance à l'adolescence et dans mes premières années d'adolescence (car, plus tard, il fut heureux et fier de mes succès, disant que je faisais « honneur à la famille », etc.). De là, des réactions de dépit, voire de désobéissance. Un certain jour, alors qu'il pleuvait à verse, mon père me demanda d'aller poster une lettre à Beaulieu, mais m'interdit de prendre la bicyclette. Je la pris néanmoins, comptant qu'il ne s'en apercevrait pas. Hélas ! alors que je venais de dépasser l'école du Pont, l'un de mes freins se détacha, se mit en travers des rayons de la roue avant qui se brisèrent l'un après l'autre : crac, crac, crac… Je laissai le vélo sous le balcon de la petite maison qu'habitait monsieur Briat, allai poster la lettre, rentrai à la maison, avouai mon méfait, attendis la correction. Elle fut terrible. Mon père m'eût sans doute brisé les reins si sa vieille mère, implorante, ne s'était suspendue à son bras : « Romain ! Romain ! mais qu'est-ce que tu fais ! » Il se ressaisit, eut honte de sa violence. Mais son amour était traversé de ressentiment. Il savait pourtant que je n'étais pas coupable, et réprouvait ce mauvais côté de lui-même. Lorsque ma sœur Michèle, de sept ans plus jeune que moi, grandit, charmante, ce fut un rayon de soleil dans la maison. Mon père en fut intimement adouci, comme réconcilié avec la vie. Ce fut un bonheur pour moi de voir son bonheur. De même, lorsque mon frère Guy naquit, en 1935, le bonheur de ma tante ne me donna nul ombrage. Il faut être superficiel et mentalement limité comme un psychologue ou un psychanalyste, pour croire que la naissance d'une sœur ou d'un frère entraîne une jalousie de la part de l'aîné. Le cœur humain est bien autrement complexe. Il est vrai que la jalousie, l'envie, sont des sentiments que je n'éprouve jamais. Mais je ne crois pas être, à cet égard, une exception. Mon père, qui se prenait comme il était, sans se comparer aux autres, n'éprouvait, lui non plus, rien de tel. Que ma sœur Michèle et mon frère donnent, par leur existence et leur être, à mon père et à ma tante, un bonheur que je ne pouvais leur donner, allégeait ma responsabilité en même temps que cela apportait, dans la maison, une douceur qui rayonnait jusqu'à moi. Alors, comme je l'ai dit, « nous » étions heureux – ce qui ne signifie pas que chacun l'était ; car le bonheur que l'on a en et avec la famille n'est pas tout le bonheur.

Que me manquait-il ? Des amis ? Il est vrai que je n'avais pas d'amis, mais je n'en ressentais pas la privation. Lorsque, enfant d'avant l'âge scolaire (on allait en classe à sept ans), j'habitais encore, avant que mon père ne se remarie, dans la maison de ma mère, avec « maman Marie », ma grand-mère maternelle, il n'était pas question d'aller jouer avec les bambins du voisinage : on craignait les « mauvaises fréquentations ». Plus tard, je me gardais d'inviter un « copain » (terme qui, du reste, était pour moi sans application) à la maison. Mon père n'eût pas apprécié, me semblait-il. Un jour, alors que nous étions tous à l'arrachage des pommes de terre dans les champs au bord de l'eau, un garçon vint de Lostanges pour me voir. Je le vis, à travers les prés, venir jusqu'à nous. Il salua mes parents, puis je repartis avec lui à la maison. Je lui offris une boisson, nous « discutâmes » ; puis je lui dis, bien que ce fût le soir, que je devais retourner au travail. Ainsi fis-je. Mon père me dit alors que j'aurais pu rester avec lui. Il me le permettait lorsqu'il n'était plus temps.

Mais, du reste, je préférais, en général, me refuser ce qui eût requis sa permission, car il ne l'eût pas donnée de bon cœur mais comme une concession. Je vais parler bientôt de l'époque du Cours complémentaire. Beaucoup de mes camarades, Jean Veillerot en tête, qui jouaient au football ou au rugby, je ne sais plus, se retrouvaient sur les terrains de sport, soit à Beaulieu, soit « en déplacement ». Je ne connus jamais les sorties du dimanche : ce qui eût supposé une concession de la part de mon père ne m'attirait pas. Aux alentours de mes seize ans, ma tante m'incitait à « sortir », à rencontrer ceux de mon âge ; mais ces « sorties » n'avaient pour moi aucun attrait. Je m'étais constitué un monde intérieur, plus intense et plus réel que le monde des apparences. Quant à inviter une fille à venir à la maison, nul, en ce temps-là, ne pouvait y songer. Le mot « amour » était d'ailleurs rigoureusement banni de la conversation. J'eus un sentiment tendre pour Lucette : cela dura trois ans, durant lesquels je n'osai pas l'aborder. Puis cela passa comme avait passé ma rougeole ; je l'oubliai. Aujourd'hui, lorsque je songe à son visage chiffonné, je m'étonne qu'elle ait pu éveiller en moi un sentiment quelconque. Je crois que tout son charme tenait à son prénom : Lucette. Car, lorsque j'avais trois ans et que mes tantes m'avaient amené rendre visite aux cousines de Brive, j'avais été au désespoir que maman Marie ne fût pas avec nous, l'avais réclamée à cor et à cri, n'avais pas cessé de pleurer, cela jusqu'au moment où Lucette, une petite fille de mon âge, avec une gentillesse infinie, m'avait pris la main, m'apaisant d'un seul coup. Je n'ai plus jamais revu la Lucette de mes trois ans mais, de ce nom, a toujours, pour moi, émané un charme.

C'est sitôt après mon certificat d'études que débuta la seconde période de l'époque de neuf ans, période que, moins encore que toute autre de ma vie, je ne voudrais revivre, car toute pleine d'ennui et d'absurde travail. Un jour, alors que je prenais un verre au café du Palais-Royal avec André Comte-Sponville et Roger-Pol Droit, nous nous posâmes la question : souhaiterions-nous revivre (la même vie, exactement) ? Roger-Pol Droit fut seul à le souhaiter et sa réponse me surprit, me surprend encore. Comment souhaiter revivre les mêmes douleurs, les mêmes ennuis, repasser par les mêmes épreuves ? En octobre 1934, j'entrai au Cours complémentaire, dans la classe de Monsieur Rigaudie (du reste unique). Monsieur Rigaudie effrayait. Déjà, au cours moyen, les éclats de ses fureurs pédagogiques, qui traversaient les murs, obligeaient parfois Monsieur Chassaing à interrompre sa calme parole et nous pétrifiaient. Certes, Monsieur Rigaudie ne hurlait pas toujours ; il avait ses heures de pédagogie maîtrisée et sereine, voire ses moments de bénignité où il souriait. La crainte l'emportait pourtant. Dans les petites classes, la pire des punitions était d'être envoyé au piquet « chez monsieur Rigaudie ». Cela m'arriva, je ne sais plus pour quelle raison. C'était le soir. La salle d'étude me paraissait immense, où les « grands » me regardaient d'un air goguenard. Je pleurais comme une fontaine, mais je sentais que Monsieur Rigaudie n'était pas dans son heure de méchanceté : « Mon petit, tu pourras partir si tu me dis la date de la mort de Napoléon. » Je lâche d'un trait – car j'étais très fort sur les dates – : « 5 mai 1821 », à l'ébahissement des grands dadais, auxquels le maître faisait honte de ne pas savoir ce que savait un élève du cours moyen. Durant l'année 34-35, je ne cessai d'avoir peur. La voix de monsieur Rigaudie me paralysait. Interrogé sur les produits remarquables : $(a + b)^2 = a^2 + b^2 + 2ab$, etc., je vais au tableau, mais, là, je ne puis articuler une parole. Renvoyé à ma place avec un zéro, je dis : « mais, monsieur, je sais ! » « Alors, reviens ici » : je reviens mais ne puis toujours pas articuler une parole. J'obtiens ainsi, ce jour-là, trois zéros en leçon d'algèbre. Les leçons étaient mal expliquées, faute de temps, car le maître, qui avait en charge, dans la même classe, des élèves de douze à dix-huit ans (ces derniers, ou du moins les meilleurs, préparant le concours d'entrée à l'École normale), ne pouvait se consacrer ni aux uns ni aux autres. Les résumés, mal ronéotés, par défaillance des outils ou par maladresse, n'étaient presque d'aucune aide. Je travaillais dans le brouillard, avec le sentiment d'avancer à l'aveuglette et de ne pas comprendre vraiment. À la maison, on avait bien autre chose à faire que de songer à m'aider. Je me souviens pourtant d'un matin où mon père me dit : « J'ai fait ton problème de physique en donnant aux vaches. » Il avait vu, la veille au soir, que je « séchais » sur un problème. Contrairement à son habitude, il l'avait, selon son expression, « regardé », ensuite y avait songé, enfin l'avait résolu par la seule force de sa réflexion, qui était grande (si, au lendemain de la guerre de 14, sa mère n'avait pas voulu qu'il restât au pays, il eût pu, « intelligent comme il était », se faire une « belle situation », disait-on).

Suis-je injuste envers cette année scolaire, envers monsieur Rigaudie, envers moi-même ? Car les notes sont là : je suis tout de même, en dépit des trois zéros et de quelques autres, en tête des élèves de première année. Lorsque, plus tard, je regrettais que l'on ne m'ait pas « mis » au Lycée – à Tulle ou à Aurillac, comme interne –, on me disait que j'avais encore eu de la chance que la ferme ne fût qu'à deux kilomètres de Beaulieu et du groupe scolaire, sinon, après le certificat, je n'aurais pu que rester à la terre, quitte, plus tard, à m'« engager », comme mon cousin Fernand. Un jour, après l'étude du soir, où l'on ne faisait pas grand-chose (car monsieur Rigaudie, tantôt laissait son poste de T.S.F., placé au fond de la classe, bruire à pleine puissance, tantôt faisait « plancher » au tableau sa charmante fille, ce qui était d'un vif intérêt), mon père, étant venu « régler » les fournitures scolaires, entra avec le maître en grande conversation. Il me dit plus tard que monsieur Rigaudie avait été étonné de la pauvreté extrême des petits paysans, au point d'avoir peine à croire ce qu'il entendait. Car entre les bourgeois, certes fonctionnaires sans fortune, mais assurés du lendemain, et les paysans à la merci d'une sécheresse, d'une gelée, d'une épizootie ou d'un accident quelconque, il y avait un abîme, celui qui sépare le sentiment de sécurité de l'angoisse du lendemain. De là résulta, en tout cas, que l'on décida de me présenter au concours des bourses. Je n'en fus averti que peu avant l'examen et n'avais pas d'espoir. De fait, j'échouai misérablement, avec une note éliminatoire en rédaction. Le sujet était : « Évoquez les bruits que fait le laitier le matin. » Quand les vaches avaient du lait, mon père rapportait à la maison le lait de la traite (après avoir servi le minet). Mais je n'avais aucune idée de ce que pouvaient être les occupations d'un « laitier ». Je fis des suppositions ridicules. Ceux qui avaient choisi le sujet n'avaient songé, sans malice, qu'aux habitudes de la ville. Ce concours me fut l'occasion d'aller à Tulle. Je sus que Lucette (celle de mes trois ans) y était aussi. J'eus la nostalgie d'elle, mais je ne la vis pas. J'appris, par la suite, qu'elle avait brillamment évoqué les bruits que fait le laitier – aussi habitait-elle Brive –, et avait réussi son concours.

En 1935, vers le début août, nous apprîmes que monsieur Rigaudie, de son chef, quittait Beaulieu, qu'il était déjà en train de déménager. Quant au motif de ce départ précipité, nous ne le sûmes que plus tard. Mon père, qui avait l'honnêteté anxieuse, me commanda d'aller sur le champ lui régler les 3 francs 60 de fournitures scolaires qu'on lui devait, de crainte qu'ensuite il soit difficile à atteindre et qu'on restât à les devoir. Je rencontrai le maître à l'école, sous le préau : il se hâtait, le visage malheureux ; non sans marquer quelque surprise, il prit l'argent, me remercia d'un mot bref, l'esprit ailleurs. Je ne l'ai revu qu'une fois, quelques années plus tard. Je passais, à Tulle, l'oral du brevet élémentaire. Il était examinateur en mathématiques. Je le vis souriant, heureux de me voir, décidé à me donner une excellente note : je fis juste ce qu'il fallait pour qu'il crût que je la méritais. Monsieur Rigaudie était un tendre, mais il ne voulait surtout pas qu'on le sût, La crainte qu'il m'inspirait n'empêchait pas une certaine affection, pas plus que la crainte que m'inspirait mon père n'empêchait mon amour.

Alors que monsieur Rigaudie était plutôt petit, et nerveux, agité, colérique, porté à rougir, monsieur Salesse, notre nouveau directeur – qui vit toujours à Beaulieu, grâce à Dieu (ou à la Fortune)[1] –, était plutôt grand, sans nervosité, débonnaire, se tenant très droit, porté à bomber le torse et à jeter légèrement la tête en arrière, dégageant un large front qu'éclairaient des yeux bleus sous une blondeur restreinte. Lui aussi était porté à rougir, parfois de colère contenue, comme lorsque tel élève ignare poussait à bout sa patience, parfois par l'effet d'une subtile pudeur du sentiment. C'était un excellent enseignant, d'une compétence sans reproche, et si je dis que cette période de ma vie fut pour moi ce qu'elle ne devait pas être, si je hais l'enseignement que j'ai reçu lorsque je songe à celui que, selon ma destinée, j'aurais dû recevoir, si je sais que, durant mes meilleures années, celles de mon adolescence, les plus généreuses, les plus efficaces, je me suis abîmé dans un travail absurde, cela ne porte en rien

---

1. Cela était écrit en 1995. Jean Salesse est décédé en mai 1997, à l'âge de quatre-vingt-treize ans.

ni contre un enseignant à qui je garde estime et respect, ni même contre l'enseignement, qui était, je n'en disconviens pas, à peu près ce qu'il devait être, étant donné sa finalité. Simplement, cette finalité et la mienne propre étaient divergentes. C'était un enseignement à caractère encyclopédique. Il s'agissait de faire de nous, si possible, des normaliens, qui seraient des instituteurs. Et il paraissait nécessaire que l'instituteur eût beaucoup de connaissance, en tous domaines : tant en lettres qu'en sciences, en histoire et géographie qu'en arithmétique et algèbre, en physique et chimie qu'en anatomie et physiologie humaines, zoologie ou botanique, en dessin qu'en musique, etc. Ces matières étaient donc toutes représentées au concours et, étant donné la difficulté de celui-ci, due au sérieux des candidats qui tous étaient, comme moi, « au pied du mur », il fallait tout étudier « à fond ». Je fus victime de mes propres qualités. Le démon de l'émulation m'avait saisi. Être « le premier » était la seule chose qui vaille et je le fus d'innombrables fois. De là une vie sacrifiée au travail. Pourquoi pas, s'il se fût agi d'un travail formateur, non destructeur ? Mais ce travail, formateur pour d'autres, était, pour moi, destructeur, comme si l'on avait voulu former un musicien en lui apprenant le catch. Ma volonté de réussite et de perfection me portait à aller au-delà de ce qui était demandé. Monsieur Salesse n'exigeait pas que les cartes de géographie avec courbes de niveau fussent aussi minutieuses et travaillées ; il les eût voulues plus schématiques. Il ne requérait pas que l'on apprît l'altitude de dizaines et de dizaines de sommets montagneux, ni la population exacte de dizaines et de dizaines de villes, ni tant et tant d'autres chiffres. Mais je faisais de mes cartes de géographie de véritables œuvres d'art sur lesquelles je veillais parfois jusqu'à minuit ou une heure du matin : j'ai honte d'y penser. Quel ne fût pas mon découragement lorsqu'un jour le maître – il était rare qu'il fût d'humeur rageuse – déchira ma carte du Massif Central, parce que j'avais écrit « monts de la Marche » et qu'il n'y avait pas de « monts » dans la Marche (et les « monts d'Ambazac » ?). Rentré à la maison, je dis que je ne retournerais pas à l'école. Il fallut que mon père s'en mêlât, me parlât avec une inhabituelle douceur. D'ordinaire, il était lointain, surveillant ma vie d'une manière assez distraite. À cette occasion, pourtant, il vint dans ma chambre me parler. Ce fut l'une des deux seules fois où il vint dans ma chambre. La seconde se situe beaucoup plus tard. En juillet 1943, je déclarai que je rejoignais le maquis, et allai chez moi me préparer. Il vint, s'assit, me parla sensément, me pria, me dissuada ; je devinai qu'il avait quelque raison qu'il ne pouvait me dire (et, en effet, il fut heureux pour lui, lorsqu'il fut arrêté par la milice, que je me trouve en situation « régulière », étant alors instituteur à Pompadour).

Ce que j'eus souhaité apprendre, durant ces années où je perdis mon temps : non des savoirs mais des méthodes. Les méthodes sont des pouvoirs d'appropriation des choses ; les savoirs ne sont que ce qu'ils sont. Qu'importe de savoir que le Puy Mary a 1 787 mètres, le Plomb du Cantal 1 858 mètres (si ces chiffres sont toujours exacts), que la famille royale du Brésil fut renversée en 1889 (si je ne me trompe), que, parmi les insectes munis de quatre ailes, les broyeurs ont soit quatre ailes semblables soit deux élytres et deux ailes, tandis que les suceurs ont quatre ailes à écailles colorées, les broyeurs-lécheurs quatre ailes membraneuses et les suceurs-piqueurs… (ici, ma mémoire me fait défaut). Voilà de quoi se nourrissait mon esprit, qui eût dû plutôt se sustenter de racines grecques. Il est vrai qu'apprendre notre langue, s'exercer à la « composition française », est bien apprentissage de méthode, puisqu'une langue permet d'exprimer une infinité de matières. Et, ici, je ne veux pas nier ma dette. Cependant, je ne fus, avec monsieur Salesse, jamais à l'aise. Il entendait autrement que moi le style, donnant en exemple Anatole France, alors qu'il n'y a pas d'autre exemple de style que celui que chacun porte en soi-même. Il voulait que l'on écrivît par phrases courtes. En face d'une phrase un peu longue, il mettait : « lourd ». Un jour d'avril 1939, je compose, en épreuve de français, sur le sujet suivant : « On a trouvé cette inscription sur le tombeau d'une femme romaine : *Elle fila de la laine et resta dans sa maison.* Que pensez-vous de cet éloge ? » J'écris : « Cette phrase, qui est un éloge puisqu'on l'a placée sur un tombeau, montre bien comment les Romains voulaient que fût leur femme et comment ils la concevaient ; ils rendent hommage à cette vie entière de désintéressement pour montrer qu'ils désireraient que toutes les femmes agissent ainsi, et ils donnent celle-ci en exemple aux autres. » « Lourd » (= lourdeur), observe le correcteur en face du premier membre de phrase, et « lourd », encore, en face du second. Ce n'était pas encourageant. La recherche du mouvement et du rythme, maladroite peut-être, est pourtant visible. Durant les quatre années où j'« eus » monsieur Salesse (en 39-40, il était à l'armée), je ne parvins pas à briller en composition française : je m'en tenais, par prudence, à la banalité ; je n'osais pas me donner la parole. Il eût fallu pour cela une capacité d'accueil que je ne connus que plus tard, élève-maître au Lycée, où les professeurs savaient mieux le pouvoir des appréciations positives qui donnent confiance.

Le déficit le plus grave dans l'enseignement du Cours complémentaire de Beaulieu (« de Beaulieu », car, lorsque Jean Veillerot et moi-même entrâmes au Lycée de Tulle, nous vîmes que nous étions les seuls des élèves-maîtres à n'avoir jamais étudié une langue étrangère) concernait l'enseignement des langues. Il était inexistant. Combien j'aurais, maintenant, le sentiment de n'avoir pas travaillé en vain, d'avoir bien employé mon temps, si j'avais, durant toutes ces années où j'étais si ardent au travail de l'intelligence et de la mémoire, étudié l'anglais, l'allemand, le latin et surtout, surtout ! le grec, le grec ancien, la langue incomparable, merveilleuse, qui porte en elle ce qu'il y a de plus fort, de plus lumineux, et, en même temps, de plus délicat et de plus fin. Sans elle, que serait la philosophie ? Que serait même la pensée ? Bien sûr, je parle ainsi à partir de ma vocation et de ma destination, puisque, dès l'origine de mon être essentiel, je me suis voué à la philosophie, laquelle, dans sa vérité, est grecque. D'autres pouvaient se satisfaire de ce qui ne me convenait pas, et n'avaient nul besoin de ce qui m'était nécessaire. Le fait est que ce que j'ai appris au Cours complémentaire ne m'a été, au long de ma vie, presque de nul usage. Bien des savoirs que j'ai encore, qui sont toujours là et dont je n'ai que faire, me semblent tenir une place usurpée, alors qu'à côté je me vois bien des lacunes dans les domaines qui m'importent. Ce qui m'eût convenu eût été un enseignement tel que celui de Pforta, que connut Nietzsche, axé sur l'étude du latin, du grec et des écrivains antiques, avec le résultat de penser en latin et en grec ou, à tout le moins, l'enseignement de l'un de nos lycées classiques, avec, par semaine, plusieurs heures de latin et de grec. Je me souviens d'une heure de vrai bonheur, lorsque Monsieur Salesse nous lut un passage d'Homère. À la fin de chaque trimestre, plusieurs jours étaient consacrés à « faire les moyennes » des notes du trimestre. Un jour de sortie, les moyennes finies, les classements établis, le maître, pour occuper le temps, nous lut, dans l'*Odyssée,* l'aventure d'Ulysse aux prises avec le Cyclope Polyphème. Et je me demandais pourquoi il ne nous donnait pas accès, plus souvent, à de si belles choses. Au catéchisme, il était question de l'histoire « sainte » : il fallait se sentir concerné par ce qui était arrivé à un certain Moïse, à un certain Abraham. Désastreuse leçon, car les péripéties de l'histoire des Juifs anciens n'importent qu'à ceux qui adhèrent à l'irrationnel. Au Cours complémentaire, il n'était pas, bien sûr, question d'histoire sainte : l'histoire de France, des pays européens et des grandes nations du monde, nous occupait surtout. C'était un moindre mal ; mais, en histoire, le fil conducteur est tout. Les faits sans les significations font une histoire aveugle. Je rêve d'une histoire de la raison, qui, à partir de la Grèce, nous eût fait comprendre Rome, et le bon côté de Descartes, et nous-mêmes. Car entre Athènes et Jérusalem, il faut choisir, On peut voir, d'après l'*Orientation philosophique*, que j'ai tardé à rejeter l'irrationnel, bien que j'aie été depuis toujours, par le réalisme profond qui s'attache aux activités paysannes, par le caractère strictement areligieux de mon éducation scolaire, enfin par l'essor spontané de ma raison, préparé à ce rejet.

J'étais, vers quinze ou seize ans, un garçon très seul, et souvent solitaire. Il ne pouvait en être autrement : à la ferme, il n'y avait personne de mon âge avec qui travailler ou parler ; à l'école, le travail de groupe était inconnu, que, du reste, j'aurais détesté, ne voulant rien devoir qu'à moi-même. Mais si ma solitude était inévitable, c'est surtout parce que, dans le lot des garçons de mon âge, j'étais une exception. Les activités sportives se seraient traduites par des « sorties » dont, je l'ai dit, il ne pouvait être question. Les activités agrestes, comme de pêcher ou de capturer des oiseaux, n'étaient pas pour me plaire. Monsieur Salesse me demanda un jour de lui rapporter des vers d'eau pour la pêche. J'ignorais même qu'il y eût des vers d'eau, et malgré les conseils d'un sage du village (je n'osai questionner mon père), je fus incapable d'en recueillir un seul. Le maître voyait en moi un garçon de la campagne comme un autre ; il lui échappait que j'étais différent (ce n'est pas une louange que je m'adresse : il n'y a pas lieu de louer ou de blâmer lorsqu'il n'y a pas eu choix). J'avais des camarades de récréation, avec qui je jouais avec de petits cailloux, sous le préau, à un jeu analogue au jeu de dames, avec qui je plaisantais aussi, mais que j'oubliais dès la classe finie. Dans mon village, Marcelle, Louis et Roger, de mon âge à peu près, avaient parfois joué avec moi dans notre enfance, alors que nous allions quérir ensemble l'eau au ruisseau ; mais Marcelle venait de mourir, Louis, qui n'allait guère bien, et Roger étaient chez leur père des sortes d'ouvriers agricoles que l'on ne payait pas ; la misère y était grande. Nous n'avions plus de points communs. Quant aux filles, il y avait celles que l'on voyait en vacances l'été avec leurs robes claires et leurs rires : figures de rêve, figures de charme, mais hors de toute expérience. D'un côté, je contentais mon père par mon obéissance domestique, de l'autre je m'efforçais d'avoir bien en tête toutes les matières du concours : ces deux activités occupaient presque tout mon temps – « presque »… Car, depuis que, fasciné par les listes d'œuvres et d'auteurs que l'on trouvait sur les pages de couverture des classiques Hatier, j'avais écrit à la librairie Hatier, 8, rue d'Assas, et avais eu ma commande aussitôt honorée, j'errais dans l'étrange pays où vérité et beauté se conjuguent. Je disposais, pêle-mêle, de l'*Anabase* de Xénophon (extraits), de l'*Énéide* (extraits), de la troisième décade de l'*Histoire* de Tite-Live, d'*Extraits* d'Hérodote, des *Perses* d'Eschyle, de *Pour la liberté* de Stuart Mill, d'*Hamlet*, des « *Rimes* » et des « *Triomphes* » de Pétrarque, etc. Lorsqu'on est sans maître, on ne peut procéder autrement que par « essais et erreurs », comme le rat dans le labyrinthe. Peu à peu, un choix se fit : émergèrent le *Manuel* d'Épictète, les *Pensées* de Marc-Aurèle, les *Pensées* de Pascal. Pascal surtout devint mon compagnon : sa sombre vision du cœur humain, que je crus vraie, sa force, sa sublimité, son éloquence incroyable me frappaient de saisissement. On ne pouvait être plus profond, aller plus loin. Quel séducteur ! Mon égarement pascalien traversa toute ma jeunesse ; il dura encore bien plus tard. C'est Montaigne, je crois, qui enfin me ramena à la raison. Lui seul me fit comprendre que Socrate était une plus haute figure que Jésus-Christ. Car, lorsqu'on se donne la peine de multiplier les pains ou de marcher sur les eaux, c'est que l'on est en faute d'arguments.

À l'automne 39, mon père étant à Pont-du-Château, près de Clermont, à fabriquer des poudres, je m'occupai de la seconde coupe de foin (le « regain »), je rentrai, avec l'aide de mes tantes (l'une venue de Paris), la récolte de pommes de terre, la récolte de noix, « fis » les vendanges, de sorte que je ne retournai au « C.C. » de Beaulieu qu'en novembre. Avec 17 de moyenne générale, la tête de la classe ne m'était plus disputée ; j'avais enfin surclassé Jean Veillerot. Mon succès au concours allait de soi pour Madame Robillard, excellente enseignante venue d'un établissement parisien et qui suppléait monsieur Salesse. Il fut acquis en effet, comme je l'ai dit. J'allai voir Madame Robillard, qui habitait rue des Fossés, pour la remercier. Elle ironisa : « Vous venez chercher des félicitations ? », ne m'invita pas à entrer ; et ce fut tout… Dans ma naïveté, qui était grande, je fus surpris par son manque d'intérêt – pour ce que je pouvais dire, pour les questions que je pouvais poser, pour ce que je pouvais devenir. En octobre 1940, entrant au lycée de Tulle comme élève-maître avec Jean Veillerot (reçu, lui, à son premier concours), je découvris, quoique interne et assujetti à un règlement strict, une liberté toute nouvelle. Cette liberté venait de la division de l'autorité : le proviseur, le censeur, le surveillant général, les maîtres d'études, les professeurs, chacun avait autorité dans son domaine, alors qu'au Cours complémentaire, nous étions, en tous domaines, sous une unique autorité. Or, une férule unique, du seul fait d'être unique, est une férule tyrannique. L'autorité des parents ne balançait pas l'autorité du maître, elle la confirmait : « Si le maître te donne une gifle, je t'en donnerai deux. » L'oppression parentale et l'oppression scolaire s'ajoutaient. Il était entendu que les adolescents ne pouvaient savoir ce qui, pour eux-mêmes, était bon. Les adultes en décidaient. Ma liberté, refoulée au-dehors, se reporta au-dedans. Ma volonté ne pouvant, en sa singularité, s'exprimer au plan horizontal des activités sous contrôle, se transmuta en une volonté de hauteur. Ni le maître, ni les parents, n'avaient accès au monde des idées, que je découvrais. Là, j'étais libre, et il ne tenait qu'à moi, et à la force de ma réflexion, de me libérer plus encore. Au lycée, le monde intérieur que je m'étais créé put passer au-dehors, dans des travaux portant ma marque. J'eus la considération des professeurs et je connus l'amitié fondée sur l'estime. Ma jeunesse à Tulle puis à Paris, riche en découvertes, me fit oublier mon adolescence bellocoise et ce qu'elle eut de contraint et de pénible.

D'où vient ma vocation philosophique ? Quelle en est l'origine ? Mon beau-frère, Jean, le mari de Michèle, pense que je la dois à mon père. Car il méditait toujours, s'exprimait parfois : c'étaient alors, à la table familiale, surtout le soir, des soliloques, qu'on laissait se dérouler sans l'interrompre, où la pauvre condition du paysan finissait par se confondre avec la pauvre condition de l'homme, qui, dans l'ensemble des choses, dans l'infinité du temps, compte si peu. Il semblait que le paysan fût l'homme véritable, celui qui n'a rien, les titres, les distinctions, les honneurs, le pouvoir n'étant pas pour lui. En fait, mon père était bien « chevalier » de quelque chose, mais : « Ça me fait une belle jambe », disait-il. Les paysans ne se laissent pas prendre aux leurres, aux appâts factices ; ils sont trop à même du côté substantiel et inéluctable de la vie. Jean Jouppe voit-il juste ? Il est certain que mon père ne faisait jamais intervenir, dans ses propos médités, des considérations religieuses, comme si la Providence et le reste étaient à laisser aux curés ; il ne tenait que des propos de raison. Or, méditer en raison sur la condition humaine, n'est-ce pas là philosopher ? Je veux bien admettre qu'en fait d'esprit philosophique, je dois à mon père plus qu'à tout autre ; encore fallait-il que je sois capable de cette dette.

Certains, durant leur adolescence, vont en voyage à l'étranger, y font des séjours linguistiques, vont en vacances à la mer, à la montagne, apprennent à jouer d'un instrument, qui du piano, qui du violon ; à la ville, on les voit, les uns au musée, au concert, au théâtre, sans parler du cinéma, d'autres, ou les mêmes, sur les terrains de sport ; ils ont leurs associations, leurs lieux de rencontre, où ils se retrouvent entre garçons ou filles, garçons et filles. Je n'ai rien connu de tout cela, mais le travail : travail agricole, travail scolaire, et j'ajoute : travail de secrétariat. Après 36, le gouvernement issu du Front Populaire créa un fonds d'indemnisation pour les dégâts dus aux « calamités agricoles ». Mon père, qui avait participé à la fondation des Mutuelles, fut désigné comme expert. En 1938, il visitait, dans des communes voisines de la nôtre ou plus lointaines, des exploitations où les vignes avaient été ravagées par le gel. Il en revenait fatigué par ses journées à bicyclette et, à partir des notes qu'il avait rapportées, j'établissais les procès-verbaux. Ainsi, d'une façon ou d'une autre, le travail remplissait ma vie. Privé de tous plaisirs ordinaires – que j'en vins à mépriser –, j'appris à m'en tenir à mes plaisirs intellectuels. Ma réflexion allait aussi loin que possible lorsqu'on est sans guide. C'était le moment où d'autres, dans une khâgne ou une hypokhâgne, furent sous une influence qui les marqua pour la vie : « je fus l'élève d'Alain », « il a suivi les cours de Beaufret »… Lorsque je me trouvai, plus tard, à travailler avec les Belaval, les Weil, ma vision des choses était déjà trop déterminée pour que je puisse être modifié par une influence quelconque. De sorte que je n'ai jamais été que moi-même.

D'un côté la bourgeoisie, de l'autre le peuple. Mon père voulait que je passe de l'autre côté de l'abîme, que je sois instituteur, avec un traitement qui me « tombe » tous les mois. Mais j'avais décidé, sans avoir vraiment le choix – car on ne se choisit pas soi-même –, de consacrer ma vie à la philosophie ; et c'est ce qui est arrivé. Car rien d'autre n'a existé pour moi, à part, bien sûr, ceux que j'ai aimés.

Ma jeunesse à Tulle

SI J'AI MOINS DE RÉTICENCE à évoquer ma jeunesse à Tulle que j'en ai eu, l'an dernier, à évoquer mon adolescence dans la « Riviera limousine », cela tient à ce que je ne puis regarder sans approbation celui que j'étais alors, si bonne, durant ces années de guerre (1940-1944), était ma santé, si ferme était ma vocation, si exempt de doute était mon idéal et si entière mon espérance. Ma « santé » ? Je n'ai pas ici en vue ma santé physique, qui, du reste, ne laissait guère à désirer. Certes, la lettre hebdomadaire à mes parents – obligatoire pour les internes qui, comme Jean Veillerot et moi, ne quittaient le lycée qu'aux vacances – était pleine du récit de mes rhumes à répétition ; et mes sorties du jeudi m'ont bien souvent conduit chez Monsieur Rollin, dentiste et amateur de littérature, qui m'entretenait de Gide et de Malraux entre deux passages de la roulette. Mais, à ces détails près, j'avais le fonds de santé et la résistance physique d'un « Fils de la Terre » (comme dirait Platon). C'est là banalité. Aussi est-ce à ma santé mentale que je songe, qui est encore fort bonne, je l'admets, mais qui était alors en son meilleur état. Car ce fut le moment de ma vie où mon esprit fut le plus exempt de pensées vides et vaines, de rêves futiles, de délires folâtres et de cogitations qui ne mènent à rien. Je savais ce que je voulais et, sans se laisser dissiper par les péripéties du présent et en écartant les tentations de la jeunesse, toutes mes énergies se concentraient sur la préparation de ma vie à venir, comme devant être vouée à la philosophie. En veut-on un indice ? Je n'étais pas encore en classe de philosophie que, ma grand-mère maternelle m'ayant donné un louis d'or (le seul qu'elle avait sans doute et que j'eus jamais), je me hâtai de l'apporter à la banque, où l'on m'en donna deux cents francs, juste le prix d'un manuel de philosophie. Je perdis, du reste, mon argent : c'était le manuel de Cuvillier, où il n'y a de « philosophie » que dans le titre.

Les pires catastrophes ne sont jamais sans quelque conséquence positive. C'est ainsi que le désastre de nos armées en 1940 eut pour conséquence la délégation, par l'Assemblée Nationale, des pleins pouvoirs à un vieux maréchal sinistre aux joues roses, d'où résulta, entre autres choses, que les dix-sept normaliens de la promotion du poireau (1940-1943) se retrouvèrent, en octobre 1940, élèves-maîtres au lycée de Tulle et, comble de l'humiliation, en seconde, parmi des bambins plus jeunes de trois ou quatre ans. Mais la conséquence fut aussi qu'en la personne de ma professeur de français de la classe de Première B, je rencontrai ma femme, ce que je n'ai pour ainsi dire jamais regretté, de sorte qu'en définitive, je dois plus au maréchal Pétain qu'à tous les Tardieu, Herriot, Doumergue, Blum et autres

Daladier, ou plutôt je lui dois infiniment plus, puisque aux autres je ne dois rien.

C'était aussi, du reste, un effet direct de la débâcle, que la venue à Tulle d'une jeune agrégée des lettres du lycée de jeunes filles de Strasbourg. Il m'est difficile de parler de Marie-Thérèse Tronchon en faisant abstraction de notre avenir commun. Mais Albert Castanet a bien voulu l'évoquer pour moi :

> « En cours de français, nous voyions arriver une jeune femme à l'allure décidée certes, mais toute menue de formes, au fin visage encadré de bandeaux de cheveux châtains, à l'élocution facile et limpide quoique rapide. Au total, une silhouette d'une désarmante fragilité.
>
> Nous étions, nous, les élèves-maîtres, de solides gaillards corréziens – les rugbymen ne manquaient pas dans nos rangs –, arrivant de nos écoles primaires supérieures ou de nos cours complémentaires, assez bonnes têtes au demeurant, mais d'esprit plutôt scientifique et ignorant tout, vraiment tout, de ce que pouvaient être un véritable cours de français et une étude sérieuse de la littérature. Cela aurait pu mal se passer. Or, d'entrée de jeu, en un tournemain, nous fûmes séduits, captivés. Par quel secret ? quelle magie ? Sans doute les dons pédagogiques de Mademoiselle Tronchon, et puis l'alchimie mystérieuse qui préside à la rencontre, comme dans toutes les rencontres humaines, d'un maître avec sa classe. Mais je crois qu'il y eut autre chose encore. À nous qui venions de nos lointains hameaux « pauvres et vergogneux », qui étions tous issus de milieux modestes, voire très modestes (c'était mon cas), qui n'avions que bien peu de livres ou pas de livre du tout (c'était encore mon cas), Mademoiselle Tronchon eut

l'art et la manière de nous faire découvrir qu'il existait, là, à notre portée, ouvert à notre curiosité, en accompagnement de nos adolescences cahotantes et rêveuses, comme le sont – ou l'étaient toutes les adolescences –, un véritable "Domaine Enchanté", celui des lettres et de la littérature de notre pays. C'est ainsi qu'au fil des jours, au long de nos études, de Racine à Chateaubriand, de Chénier à Nerval, nous sûmes qu'il y avait quelque part des portes d'or dont seuls les poètes avaient la clef. Pour moi-même et pour beaucoup de mes camarades, ce fut un ravissement.

Oserai-je ici un souvenir plus personnel ? Nous étions à la fin du mois d'octobre 1941, le matin du départ en vacances de la Toussaint. Il neigeait ! Je vous revois encore, Marie-Thérèse Tronchon, debout devant votre chaire, les épaules un peu rentrées sous un lourd manteau de fourrure (le lycée ne devait pas encore être chauffé). Vous étudiiez une page du théâtre de Marivaux, et vous démontiez avec finesse et minutie, avec malice aussi, les escarmouches de la tendre guerre des cœurs. J'écoutais et regardais par la fenêtre. La neige ajoutait de délicates arabesques à la fine ramure des tilleuls de la cour, et ces arabesques rejoignaient, je ne sais pourquoi, dans mon esprit, celles du théâtre de Marivaux. J'étais ravi. Après le déjeuner, je pris ma bicyclette pour regagner la maison de mes parents à Aubazine. Et, tandis que je pédalais, il me semblait apercevoir, à travers les flocons, le sourire de Mademoiselle Tronchon ou de je ne sais quelle princesse de Marivaux. »

Albert Castanet n'avait pas eu la chance, qui avait été la mienne, d'avoir, durant son année de Seconde, un professeur de français d'une qualité exceptionnelle, Paul Teyssier, de sorte que son ravissement fut soudain, alors que le mien continuait celui que j'avais eu. Ce professeur marquait moins les intelligences qu'il ne formait les sensibilités, ou plutôt il nous donnait de nouvelles sensibilités. Avec lui, le langage quotidien acquérait une nouvelle réalité, musicale et poétique. Nous nous éveillions à la beauté des mots. Nous apprenions qu'il ne fallait pas les dire en passant mais en les laissant être, comme tout prêts à quitter l'usage prosaïque pour signifier autrement et à seule fin de beauté. Dans les mots des poètes, Monsieur Teyssier nous faisait apercevoir, en dehors de la quotidienneté et de ses valeurs triviales, des lointains, des horizons, des climats, des invites inouïes, des chants de sirènes. Ainsi, dans chacun de ses cours, il nous amenait voyager dans l'azur. Qu'était-il devenu ? Je me l'étais souvent demandé. Yvon Chalard me dit qu'après une carrière brillante, il vit une retraite paisible près de Condat-sur-Ganaveix, à étudier les troubadours.

En Seconde B, nous étions 47 élèves, en Première, 44 ; en Philosophie, nous fûmes 48. Que diraient les enseignants d'aujourd'hui, souvent plaintifs, de pareils effectifs ? Mais le bon esprit régnait : les élèves-maîtres donnaient le ton ; et les jeunes filles apportaient leur présence adoucissante. Je revois celles du premier rang, vives et charmantes, qui pourtant ne me faisaient pas rêver. Arlette Mandoul – la fille du proviseur – était « bien agréable à regarder », me dit Castanet. Cette remarque me surprend : je n'avais jamais songé à elle comme « agréable à regarder », bien qu'elle le soit. Certains élèves-maîtres qui, peut-être, n'avaient pas mon degré d'innocence et d'ignorance, étaient sensibles au charme qui émanait du côté féminin de la classe. Une amourette naquit, que l'on considéra avec déférence et respect. Cette amourette, quelques années plus tard, se transforma en une union qui, cinquante ans après, paraît toujours admirable et exemplaire. Car la passion n'est rien ou bien peu de choses, mais l'amour est tout.

Cet amour était pour moi celui des lettres et de la philosophie ; je ne songeais guère à autre chose. Je n'avais que des amis : outre les élèves-maîtres, Pierre Roubinet, qui, chaque matin, nous apportait des nouvelles du tintamarre lointain de la guerre. Cependant, je ne me liais pas d'amitié. Eugène Chassaing, de Cornil, fut le seul qui m'invita chez lui, que j'invitai chez moi. Chez l'un ou chez l'autre, pour compenser la maigre pitance du lycée, on mangea des « farcis durs », des châtaignes, des plats de champignons, des crêpes ; on but du cidre. La conversation roulait sur Agrippa d'Aubigné et Barbey d'Aurevilly, les *Tragiques* de l'un, les *Diaboliques* de l'autre : c'étaient les auteurs de prédilection d'Eugène, que son génie inquisiteur lui avait fait découvrir, et grâce auxquels il aimait se distinguer et surprendre. Il aimait Mary Webb, Daphné du Maurier, me conseilla *La Renarde*, *Rebecca* ; en souvenir de lui, j'ai vu le film de Hitchcock. Sa carrière se déroula à Soudaine-Lavinadière, où il était en symbiose avec les paysans, et où je l'allai voir, dans les années cinquante. Nous eûmes, deux heures durant, une « conférence » à la Montaigne sur la possibilité d'être assuré d'une vérité quelconque. En rigueur et en subtilité, chacune de nos dialectiques n'avait d'égale que celle de l'autre. Eugène continuait à manger trop et mal ; il est mort prématurément, sans autre raison.

Je songe à la chance et à l'honneur que j'ai eu d'être à la tête d'une telle promotion de garçons admirables. Bien rarement, par la suite, j'ai rencontré une telle honnêteté de jugement, une telle faculté d'apprécier autrui en justice et en objectivité, en laissant de côté toute passion et avec un *a priori* de bienveillance. Plus tard, dans l'Université, j'ai vu couler à flots la sotte vanité, la mesquinerie, l'esprit de dénigrement et de médisance, et je me suis demandé : qu'est-ce que je fais là ? Bien des fois, j'ai dû, à regret, faire appel aux ressources de la ruse paysanne. Parmi mes amis normaliens, je n'avais pas à ruser. Trente-deux ans après nous être quittés, j'ai eu l'idée de les réunir. Nous nous retrouvâmes en 1975, à Aubazine, un jour d'été. Ils étaient tous là, sauf les morts : Henri Mazeau, un gentil petit, ironique, héroïque, qui fut tué en Alsace peu de jours avant la victoire, le doux, timide et innocent Paul Coissac, assassiné dans son pré, en avril 1944, par un soldat-tueur de l'armée d'occupation, Pierre Chèze, enfin, victime, en 1954, d'un accident de car dans les gorges de l'Ardèche. Les trente années de quasi-ignorance et de quasi-silence, qui s'étaient écoulées depuis la guerre, n'avaient pas étiolé notre amitié, mais, au contraire, l'avaient affermie, bonifiée, comme si, après tout ce que nous avions connu et bien d'autres rencontres et expériences diverses, le temps du lycée acquérait sa vraie valeur, comme étant celui où chacun n'avait eu, pour être « reconnu », qu'à être soi-même. De tous mes amis, seuls, peut-être, mes amis d'alors savent vraiment qui je suis : car, pour se connaître, il faut avoir *vécu* ensemble. Il faut avoir suivi les mêmes cours, « séché » sur les mêmes problèmes, réagi aux mêmes événements, vu tel film au « Sélect » et tel autre à l'« Eden », avoir « fait » ensemble les quais de la Corrèze, avoir couru ensemble au stade, avoir vu, entendu, en classe, en ville, dans la cour, au dortoir, au réfectoire, les réactions, les répliques de l'un ou de l'autre, avoir, au fil des mois, peu à peu senti venir sur nous la menace sournoise de la guerre, avoir écouté ensemble, à l'issue d'un repas de fin d'année, le banjo nostalgique d'Yvon Chalard. Et aussi, bien sûr : avoir ri ensemble, avoir blagué, parié, discuté, joué, marché, chanté, admiré, critiqué, loué, ironisé, craint, espéré, supputé, comparé, regretté, promis – je ne dis pas : avoir gémi, pleuré, soupiré, comploté, menacé, prié. Nous étions très différents et très semblables. Chacun apportait, dans l'harmonie générale, sa note particulière. Il y avait René Bourguet et sa prudence, Albert Bussière et sa modestie, René Cheyssial et sa distinction discrète, et la véracité de Pierre Chèze, la sportivité de Louis Dancie, la bienveillance débonnaire de Jean Jourde, l'entêtement humaniste de Daniel Espinat et sa soif de justice, le positivisme instruit de Lucien Loche, l'urbanité de Pierre Magnaudeix, la sage pondération de Jean Veillerot ; on aimait le goût du paradoxe d'Eugène Chassaing et son mysticisme ; on appréciait la riche culture du terroir d'Yvon Chalard comme les reparties subtiles d'Albert Castanet et son humour ; on s'inclinait devant le talent de Jean Leyssenne, qu'il a si bien manifesté plus tard. Quel qualificatif retenir pour moi ? Je ne saurais le dire. Mais l'effet d'ensemble existait. La promotion avait, comme telle, une personnalité.

En juin 1942, les épreuves de la première partie du baccalauréat ne furent pour nous qu'une formalité. À la rentrée, les normaliens s'égaillèrent, qui en classe de Philosophie, qui en Sciences Expérimentales, qui en Mathématiques Élémentaires. Je me retrouvai, sans avoir eu à hésiter, dans la classe d'André Postel. C'était un homme mince et distingué, à la démarche souple, au visage fin et expressif, allongé comme celui de Gide mais non émacié. Il y avait un réel agrément à l'écouter, tant sa parole était aisée, limpide comme une source, et châtiée, exempte de toute vulgarité, de tout laisser-aller, pure, élégante. Il était dommage que le sacro-saint « programme », qui n'avait guère varié depuis Victor Cousin, l'obligeât à se tenir dans les limites d'une psychologie des facultés archaïque, d'une épistémologie fastidieuse et d'une morale moralisante, alors que l'histoire de la philosophie et la métaphysique brillaient par leur absence. J'eus immédiatement avec André Postel des relations privilégiées, qui, marquées par mainte conversation ou promenade, durèrent jusqu'au temps de mes premiers travaux personnels. Il me parlait de littérature : des auteurs de l'entre-deux-guerres surtout, mais aussi des poètes : de Baudelaire, de Rimbaud. Il me prêta *La Nausée* de Sartre, *L'Expérience intérieure* de Georges Bataille. Je lui dis que le premier m'avait ennuyé, que le second était vide. Je lui cachais que Marie-Thérèse était alors mon arbitre du goût. M'expliquant un jour sa délectation à Giraudoux, elle m'avait montré que *La Guerre de Troie n'aura pas lieu* était une pièce digne des Grecs et pourquoi ; par-là, elle m'avait donné un singulier éclairage sur tout ce qui relève du goût et m'avait rendu « difficile ». « Cela est-il digne des Grecs ? » : ce critère faisait des ravages. La pointe d'originalité du cours d'André Postel tenait à la place qu'il faisait à la psychanalyse. Il l'exposait avec sympathie et comme s'il fallait y voir un authentique progrès, comme si, désormais, l'inconscient freudien était un acquis ; j'étais dubitatif. En juillet 1943, passant devant la librairie Pradel à Tulle, j'aperçus en vitrine *L'Être et le Néant* de Sartre. Je me dis : « C'est ce livre qu'il me faut. » Mais il était inabordable pour ma bourse ; je regrettai mes deux cents francs.

1943. Pour les Allemands, le vent avait tourné. L'effondrement du Reich était certain. Mais cependant il y aurait encore beaucoup de souffrances. En juin, il n'était plus question, pour les élèves-maîtres, de nous réunir pour les « agapes » de fin d'année, comme nous l'avions fait en 1941 à Sainte-Fortunade, en 1942 au restaurant du Pont de Cornil. Avant même de connaître les résultats du baccalauréat (deuxième partie), Jean Leyssenne et Jean Veillerot, que la flamme patriotique animait, gagnèrent le maquis qui se formait à Rocoucourbine, tout près de chez moi, dans les hauteurs d'Altillac. Les maquisards n'étaient au début qu'une dizaine, y compris quelques militaires, dont un capitaine de l'armée républicaine espagnole. Ils se trouvaient, écrit Jean Veillerot, « dans des conditions de dénuement presque incroyables. Les anciens se souviennent encore des nuits grelottantes avant d'avoir la première toile de tente, des trois repas quotidiens de pommes de terre que n'amélioraient guère les champignons cuits à l'eau, de la cigarette de midi que l'on fumait à quatre et de la belote avec pour enjeu le mégot. Il fallait, à l'époque, une certaine dose de foi et même d'inconscience – au dire des bien-pensants – pour croire à l'utilité d'une pareille aventure » (« Comment naquit le bataillon "As de Cœur" », *La Voix de la Résistance,* mars-juin 1970, p. 6). Au fil des mois, en dépit de plusieurs alertes et pérégrinations d'un campement à un autre (jusqu'à celui de Camps, en dernier lieu), les conditions de vie deviennent meilleures, les parachutes servent de tentes, les treillis de l'armée arrivent et les armes, la discipline s'instaure tandis que l'effectif atteint quatre-vingts et progresse. Le maquis prend une allure militaire et, au jour du débarquement, le bataillon de l'« As de Cœur » est prêt. Il intervient pour retarder la marche des renforts allemands montant du Sud. Ce sont des accrochages souvent sanglants, jusqu'à la bataille et la libération de Brive, le 15 août 44, puis de Tulle et de toute la Corrèze. Le maquis s'organise alors en régiment de marche Corrèze-Limousin (R.M.C.L.), qui sera plus tard dissous et incorporé au 9ᵉ Zouaves. C'est sous le drapeau du 9ᵉ Zouaves que les maquisards corréziens, non sans pertes sévères, passèrent le Rhin, atteignirent le Danube, pour enfin défiler sous l'Arc de Triomphe le 18 juin 1945. Jean Veillerot fut démobilisé en juillet 45 ; Jean Leyssenne resta dans l'armée.

Une flamme autre que la flamme patriotique m'animait, et j'entendais être inflexible à suivre ma ligne de vie. Il m'eût été aisé d'entrer dans la Résistance, soit en prenant le chemin des gorges de Rocoucourbine, soit autrement. Marie-Thérèse Tronchon, chez qui, quand je ne lui écrivais pas, j'allais souvent, me l'avait suggéré, avait fait plus que me le suggérer. Sa sœur Mireille était engagée dans le mouvement « Combat », auprès de Jacques Renouvin, son mari. Arrêtés par les Allemands, il mourut en héros au camp de Mauthausen, tandis qu'elle accouchait de mon neveu Bertrand, le 15 mai 1943, dans la prison de Fresnes. Quel qu'eût été mon souhait d'être aux côtés de Marie-Thérèse pour une si juste cause, je n'oubliai pas que la première urgence, pour moi, était autre. Un jour, durant quelques heures, j'eus comme une velléité de rejoindre les résistants ; mais bientôt, je me reprochai cette velléité comme une faiblesse. Je me mis d'autant plus rageusement à l'étude de la grammaire latine, et je fis huit heures de latin par jour durant tous les mois d'été. Certes, avec toute la classe 42, j'étais appelé au Service du Travail Obligatoire en Allemagne. Mais il n'était pas question d'obtempérer. Sous quelque ingénieux motif, j'obtins un sursis puis un autre, avant de me retrouver, avec la complicité de l'Académie, en situation « régulière » à l'Institut de formation professionnelle de Feytiat, près de Limoges. J'y retrouvai Eugène Chassaing, lui exempté de S.T.O. pour raison de santé (il avait un grave défaut de vision). À l'Institut, nous étudiions, outre la pédagogie, tout ce qui touche à l'agriculture et à l'élevage : cycles de végétation, analyse des sols, maladies du bétail, taille des arbres et greffe, irrigation, entretien des forêts, etc., car l'instituteur de campagne devait être, pour les agriculteurs, une sorte de guide et de « consultant ». À Limoges, la pénurie était extrême. Je manquais de papier à lettres et d'enveloppes. Avec le « quart » de beurre que j'avais gardé précieusement pour un échange, j'allai dans une papeterie. Le marchand fixait mon beurre, le dévorait des yeux ; mais il ne pouvait rien me donner, car il n'avait rien. Il me demanda de lui permettre au moins de « renifler » mon beurre ; je le lui permis.

Le séjour à Feytiat était interrompu par des stages pédagogiques en Corrèze. C'est ainsi qu'en janvier 44, j'eus la charge d'une « classe à tous les cours » au Noual de Sainte Fortunade. Les garçons et les filles – surtout de petits garçons et de petites filles – étaient dans un état de santé (voire de délabrement physique) et de propreté pitoyable, comme s'ils n'avaient pas de parents ou comme si les parents ne se souciaient pas d'eux – mais ce n'était sans doute qu'un effet de la misère. Je découvrais en moi des trésors de gentillesse. Au début de février, la classe que j'eus – un cours élémentaire – à l'école de garçons de Chamboulive, était toute différente. Les garçons étaient bien nourris, éveillés, heureux ; ils riaient aux éclats quand je mimais pour eux la défense de Jean le Bon à la bataille de Poitiers. De la mi-avril à la mi-mai, je fus à Pompadour, à l'école de garçons, où j'eus beaucoup à faire avec une classe de deuxième cycle spécialement insolente. Le vieux maître, qui en avait souffert, m'encourageait à user des arguments frappants. Je ne m'en privai pas, car si l'enfant isolé est sensible à la gentillesse, l'enfant collectif – et il y avait à Pompadour un effet de groupe – l'interprète comme une faiblesse : j'eus 17 en note pédagogique. Ma collègue, Suzanne Chaumont, avait un charme communicatif. Le printemps qui éclatait partout, le temps d'une douceur merveilleuse invitaient aux promenades. Dans les chemins bordés de fleurs, nous n'entendions d'autres bruits que ceux de la nature en fête. Il fut heureux que l'on m'apprît l'arrestation de mon père par la milice seulement après qu'il eut été libéré ; sinon quel eût été mon souci ! Mais j'étais à Pompadour comme en vacances ; gagnant 1500 F par mois, payant 1550 F de pension, je ne souffrais guère que d'être impécunieux. Lorsque Suzanne me présentait à de jolies filles, ses amies, j'avais honte que mon unique costume fût si piteux. Déjeunant un jour à l'hôtel avec la coiffeuse, une charmante blonde, dont toute la hâte était de revoir son mari prisonnier, je goûtais pour la première fois des choux-fleurs en salade. « Vous y croyez, vous, à ce débarquement ? », me dit-elle. Car on l'avait tellement espéré en vain que l'on n'y croyait plus. « Je puis vous assurer qu'il aura lieu vers le 6 juin », lui dis-je, pas tout à fait au hasard. Car, avec l'avancée de l'Armée Rouge, qui menaçait de régler le sort d'Hitler à elle seule, les Anglo-Saxons ne pouvaient plus attendre. Le débarquement aurait lieu cette année et, bien sûr, pas plus tard qu'au début de l'été. Pourquoi pas au début juin ? J'avais lu un article sur les marées dans la Manche qui me fit opter pour le 6. Par la suite, mon interlocutrice ne voulut pas croire que je n'étais pas quelqu'un d'important dans la Résistance. Mes stages en Corrèze devaient se terminer à Tulle, sous la férule des « pédagogues de droit divin » (la formule est d'Yvon Chalard) de l'école annexe. Fort heureusement, je tombai malade et mon stage se passa dans une chambre de l'auberge du Noual, où je logeais. Il n'y avait pas l'eau courante, les « commodités » étaient dans le jardin, l'aubergiste me posait des sangsues.

Le 6 juin 44, le débarquement me surprit comme
tout le monde, car j'avais oublié ma prédiction. J'étais
alors revenu à Limoges. On lâcha les élèves-maîtres dans
la nature. Avec Eugène et deux Alsaciens-Lorrains déser-
teurs, nous gagnâmes la Corrèze, d'abord en train jusqu'à
La Porcherie en Haute-Vienne, où nous campâmes chez
l'instituteur, ensuite à pied. Le 8 juin, ou peut-être le 9,
au petit matin, par une lumière très belle comme elle est
si souvent en Corrèze, nous débouchâmes à l'orée d'un
bois, avec nos sacs et nos valises, dans un campement allemand. Nous marchions à côté des soldats qui mangeaient
la soupe. Les officiers donneurs d'ordres étant sans doute à
leur mess, ils ne bougèrent pas. Nous en fûmes quittes pour
la peur – une très grande peur ! Sitôt après, je me séparai
de mes camarades, car, confiant en mon étoile, j'ai toujours
été persuadé que je pouvais mieux me tirer d'affaire seul
qu'avec d'autres. Des maquisards F.T.P. (francs-tireurs partisans) m'arrêtèrent, prêts à m'enrôler. Ils discutaient entre
eux de mon sort. Je me taisais. Enfin, sentant leur hésitation, j'évoquai mon incapacité guerrière – qui n'avait d'égale
que ma bonne volonté. Ils me laissèrent. À Pompadour,
Suzanne me prêta son vélo. Hélas ! une crevaison m'obligea
bientôt à rentrer à Beaulieu à pied, la main sur le guidon
de l'engin inutile. Après Brive, je ne rencontrai âme qui
vive. Le passage des renforts allemands avait laissé une trace
d'effroi. Beaulieu était une ville morte. Je fus chez moi
enfin. On échangea des récits. Ma sœur me conta comment,
cueillant des cerises, elle avait entendu siffler les balles, et
la mort de l'étudiante de Toulouse en vacances chez nos

voisins, et la mort d'André Canal, tué à l'entrée du Pont.
Puis : « Assez de temps perdu ! », me dis-je, et je me remis
au latin. Je sentais que les choses allaient vite, et que l'avenir était pour demain. À la fin de l'été vint, avec la rentrée
des classes, le moment de « prendre un poste ». Mais le
30 septembre, j'allai à l'Inspection Académique demander
un « congé pour convenances personnelles ». Il ne me restait
plus, suivant l'exemple de tant de Corréziens, qu'à prendre
le train de Paris.

Je n'aime guère me pencher sur mon passé. Cependant,
des images de ces années 1940-44 me viennent souvent
à l'esprit sans se faire annoncer. Mon père était friand de
nouvelles. Mais nous n'avions ni radio ni journaux. Je le
vois le matin se cacher derrière le tilleul de la cour pour
entendre le journal parlé que profère, à plein régime pour
l'édification du village, la radio des voisins, des B.O.F.
(beurre-œufs-fromage) de la région parisienne, partisans de
la « Révolution Nationale », et qui, à la Libération, reçurent
par la poste leur petit cercueil symbolique. Mais alors, leur
radio était depuis longtemps « en dérangement ». Je me
revois à la consigne de la gare de Tulle, aux prises avec deux
sbires dont j'admire le même costume gris perle, tandis
que l'un a son revolver braqué sur moi, l'autre fouillant ma
valise. Je suis inquiet : l'employé de la consigne ne fait que
grommeler contre « ces Vichyssois, ces Boches… ». Mais,
finalement, ils me laissent aller. Je revois, alors que j'arpente
les bois du côté de La Croix de Bar, Ethy Scialom, ma cama-
rade de classe, qui se hâte dans un chemin de campagne, à
la traîne de Mademoiselle Tronchon. Où vont-elles ? C'est

cette fois-là, sans doute, que Marie-Thérèse amenait Ethy dans une ferme amie, pour sa sécurité. Elles furent plusieurs professeurs à se soucier du sort des jeunes filles juives. Madame Durand, directrice de l'École primaire supérieure, alla jusqu'à tirer la sonnette de l'évêché : ne pourrait-on les mettre à l'abri dans quelque « jésuitière » ?... Je ne sais quelle fut la réponse. Après la guerre, Ethy se maria en Italie, et, pendant longtemps, nous reçûmes à Noël des colis de friandises qui venaient de Milan.

Depuis les retrouvailles de 1975, les élèves-maîtres de jadis, mes amis, ont au début de septembre leur repas bisannuel, voire annuel. Ils sont maintenant rarement au complet, tant la vie nous tire à hue et à dia. Mais, en dépit de leurs différences, ou divergences, aucune fausse note n'est jamais venue rompre l'accord d'antan. La réunion de 1987 se rappelle à moi par une émotion particulière. Elle eut lieu à Bort-les-Orgues sous la houlette de Pierre Magnaudeix. Mademoiselle Tronchon – j'oubliais qu'elle était ma femme ! – était là. Je la revois à table, entre Lucien Loche, sûr de lui, élégant, et Albert Castanet, spirituel comme d'habitude. Marie-Thérèse évoqua avec lui le dernier travail qu'en classe de première il avait fait pour elle : un commentaire très drôle du texte de Chateaubriand : « Levez-vous vite, orages désirés [...] ! » Après le café, je la vis en conversation avec Albert Bussière, Jean Jourde, Louis Dancie qui n'en revenait pas, disait-il, d'avoir une fille « si douée », et j'étais heureux de leur plaisir. Ainsi, la vie s'était écoulée. Comment, au moment des adieux, la jeunesse pouvait-elle sembler encore si proche ? Les cheveux blancs, les crânes dégarnis, les rides, la vue qui baisse, la mémoire qui flanche, l'estomac qui fait des siennes, cela compte-t-il ? N'y a-t-il pas quelque chose de tout autre qui seul est vrai ? La réponse est à jamais en suspens dans la liberté de chacun. Durant la guerre, après 1943, nos vies furent bien différentes. Certains, engagés volontaires, risquèrent leur vie pour la patrie (et Henri Mazeau est mort pour la France), alors que je ne songeais qu'à étudier et à un avenir voué à l'étude. Pourtant, j'ai la conscience tranquille. Car les seuls qui seraient en droit de m'adresser je ne sais quels reproches, sont ceux-là mêmes qui ne m'en feront jamais. Et la force de mon amitié sait que ces « reproches » (un mot qui ne leur viendrait pas à l'esprit) n'existent même pas comme tentation et comme ombre dans leur cœur.

Marie-Thérèse Tronchon en 1939

Marcel Conche en 1942

Ma jeunesse à Paris

$\mathcal{E}$N AOÛT 1950, ayant passé avec succès les épreuves de l'agrégation, j'allais me retrouver professeur de philosophie en province. On me donna le choix entre divers lycées. J'optai pour Cherbourg, car je n'avais encore jamais vu la mer, à vingt-huit ans. Je fixe à cet âge le terme de ma jeunesse. De 1944 à 1950, elle s'est déroulée à Paris, et ce sont ces années parisiennes que je veux évoquer ici.

Août 1944 : le débarquement avait eu lieu, la Corrèze était libérée, et, le 25 août, les cloches de France avaient annoncé la libération de Paris. J'avais entendu la sonnerie de joie de celles d'Altillac alors que, passant sous des châtaigniers, près d'une fontaine, j'allais chez ma grand-mère – maman Marie –, où toute la famille se réunissait ce jour-là, je ne sais plus pour quelle raison, car sa fête était normalement le 15 août. Mais la guerre n'était pas finie, et sur moi une nouvelle pression s'exerçait. Allais-je me soustraire à l'incorporation ? J'éprouvai, à ce moment, la fin d'une certaine liberté (et, certes, le commencement d'une autre), celle que nous avions eue sous l'Occupation. Alors tout était permis, car l'on subissait ce qui émanait de l'« État français » de Vichy, sans reconnaître cet État. Certes, il fallait peut-être qu'il y eût un maréchal plutôt qu'un gauleiter ; encore était-ce un maréchal sans légitimité. Époque exaltante : on vivait dans une société sans État. Allait-on en Allemagne au titre du S.T.O. ? On était forcé (car on risquait, à s'y soustraire, des représailles pour la famille), donc excusé. Était-on dispensé du S.T.O. par l'effet de quelque complaisance, de quelque habileté ? On était considéré avec indulgence, voire félicité. Était-on réfractaire, porté « déserteur » ? On était loué. Par rapport aux normes étatiques, je vécus les années d'occupation comme une récréation. Mais en août 44, tout bascula. Car le pouvoir légitime organisa la liberté qu'il apportait. D'abord, des chefs issus du maquis se faisaient recruteurs, racolaient qui pour les F.T.P. (Francs-Tireurs Partisans, communistes), qui pour l'A.S. (Armée Secrète, gaulliste). Le bruit courut que j'avais été enrôlé, avais participé à un engagement, avais été tué. Marie-Thérèse, à cette nouvelle, qu'à Tulle on lui avait confirmée, ne put manger à midi et vécut la semaine sans doute la plus pénible de sa vie. Elle écrivit à mon père, le 5 août 1944, une lettre très belle où elle disait tout ce que j'étais pour elle et que j'interceptai. Car j'avais naturellement échappé aux sergents recruteurs. Mais il fut bientôt question d'incorporation dans l'armée régulière – après tout, la guerre continuait, des jeunes gens de mon âge mouraient… J'étais déjà à Paris, à la fin de 1944, lorsque les autorités militaires s'aperçurent de mon existence. Je passai le conseil de révision au fort de Vincennes. Heidegger, dans les mêmes circonstances, fit valoir des troubles cardiaques. Je n'y songeai pas et fus déclaré apte à servir. Fort heureusement, sans que j'y sois pour beaucoup, mon dossier militaire s'égara. Je fus sans livret militaire jusqu'en 1958. À cette date, les gendarmes m'ayant enfin retrouvé, je dus passer à nouveau le conseil de révision. Ce fut à Versailles où j'étais alors, et l'on m'exempta de service au titre de la classe 42.

Je reviens sur ma première année à Paris. En octobre 1944, nanti du « certificat de formation professionnelle », que j'avais obtenu à Limoges, j'eusse dû prendre une classe en Corrèze. Déterminé à suivre les cours de philosophie de la Sorbonne, dont je me faisais une trop haute idée, c'est là ce que je n'envisageai même pas. Mais que faire ? Je ne pouvais donner ma démission, car je n'aurais pu m'acquitter envers l'État du montant de ma bourse d'élève-maître. Quant à un congé pour convenances personnelles, je n'y avais pas droit. Grâce à Marie-Thérèse et à son dévouement entêté, inlassable (n'avait-elle pas dit à l'inspecteur qu'elle était « prête à tourner la terre de l'autre côté » pour me permettre de faire mes études !), je l'obtins pourtant de l'Inspection académique, par suite d'une « mesure exceptionnelle ». Depuis deux ans, Marie-Thérèse et moi échangions des lettres d'amour ; dans mes bons jours, je lui écrivais en vers raciniens : « Poussé par une foi qui ne fut point voulue, je suis allé vers vous un dimanche de pluie, et vous êtes restée le céleste séjour de mon âme blessée » (le vouvoiement dura entre nous jusqu'à notre mariage). Mais cela n'empê-chait pas mon amie d'être très « pratique » et très efficace. Elle ne reculait – pas pour moi seulement, pour d'autres aussi – devant aucune démarche. Bien que d'âme et de cœur, et aussi de fait, avec la Résistance, et pleine d'admiration et de gratitude pour ceux de ses élèves qui choisissaient de combattre et dont certains allèrent à la mort, elle avait accepté mon refus de l'action, que je me sois voué à l'étude et à la philosophie, et elle appliquait sa volonté à favoriser la mienne. Lorsque le moment fut venu pour moi d'aller à Paris, elle me procura un laissez-passer, m'avertit que l'on traversait la Loire sur un pont de bateaux, que le voyage était pénible, etc. ; et puis, comme j'étais sans argent et ne voulais pas en demander à mon père, elle me prêta dix mille francs.

Ce voyage à Paris se situe en novembre 1944, sitôt après que j'eus obtenu, à Clermont, mon premier certificat de licence, celui de psychologie. J'avais pris une inscription à la Faculté de Clermont dès novembre 1943 ; pour une somme dérisoire, une amicale d'étudiants m'avait fait parvenir le cours polycopié de Daniel Lagache, grâce à quoi, ayant travaillé à fond ce cours, je n'avais pas eu de peine à briller. À Paris, mes études allèrent bon train. Avec le « certificat de philosophie générale et de logique », obtenu en février 1945, le « certificat d'histoire générale de la philosophie », obtenu en mai (avec une version latine à l'écrit), et le « certificat de morale et sociologie », obtenu en juin, je me trouvai, au bout de moins d'un an, licencié de philosophie. Il faut dire qu'en ce temps-là, où il n'était pas question de « contrôle continu », l'étudiant avait, dans l'organisation de son travail et de ses études, une bien plus grande liberté qu'aujourd'hui. Toutefois, la licence à quatre certificats n'était encore que la licence « libre ». La licence d'enseignement requérait, de plus, l'obtention du « certificat d'études littéraires classiques », avec une version latine à l'écrit et un lourd programme de littérature latine. Mais, en juin 1945, remettant à plus tard d'étudier Virgile, Catulle ou Salluste, je me préparai à composer mon « diplôme d'études supérieures ».

Cependant, il fallait d'abord que je trouve un travail. J'avais logé chez mon oncle, employé à la S.T.C.R.P. (Société des transports en commun de la région parisienne). C'était un petit deux-pièces au fond d'une cour, où il était difficile de travailler tant ma tante était fanatique du chiffon et de l'aspirateur. J'avais suivi des cours, mais surtout passé de longues heures à la bibliothèque Sainte-Geneviève. Je déjeunais à la cantine du lycée Louis-le-Grand, où un étudiant, que j'y retrouvais régulièrement, me parlait avec enthousiasme des Bororo, des Nambikwara et des superbes cours de Lévi-Strauss. Bref, j'avais été un étudiant libre, hantant le Quartier latin, mais à qui cinémas et cafés étaient interdits, de par son impécuniosité. Pourtant, au mois de mai 45, si ma bibliothèque s'était enrichie, les dix mille francs s'épuisaient. Il fallait donc, pour l'année suivante, songer à un travail rémunéré. Certes, Marie-Thérèse m'eût aidé encore ; mais j'avais ma fierté.

Cette année 1944-45, lorsque j'y songe, est bruissante de noms de personnes. François Châtelet était déjà le boute-entrain qu'il fut toute sa vie. Il présidait un groupe estudiantin d'études philosophiques, qui, une fois par semaine, se réunissait le soir dans une petite salle au cinquième étage de la

Sorbonne. Il avait toujours un groupe de fidèles autour de lui. Son meilleur ami était, je crois, Olivier Revault d'Allonnes, qui alors était à l'armée, sans doute engagé volontaire, selon l'idée que je m'en fais. La discussion était ardente ; Marx et Hegel y étaient très présents. Des jeunes filles y apportaient une touche ingénue et sensible ; certaines étaient peut-être déjà « libérées », mais, de toutes, ma naïveté faisait des anges. Puisque j'évoque l'élément féminin, je dois dire encore ceci : je me souviens d'une jeune fille en rose rencontrée rue Médicis, à une conférence où débattaient un royaliste et un marxiste – qui n'était autre que Pierre Fougeyrollas. Elle venait de l'Aveyron, était élève en terminale. Je la retrouvai au jardin du Luxembourg deux ou trois fois ; en nous promenant, nous faisions sa dissertation sur « Percevoir, c'est se ressouvenir », de Bergson. Hélas ! (mais pourquoi dire « hélas ! » ?), prenant le métro avec elle à la station Saint-Michel, elle m'échappa, si je puis dire, car elle put monter dans une voiture bondée alors que je restais sur le quai ; et je ne l'ai plus revue. Je rêvai d'elle longtemps : pur effet d'imagination, puisque je ne savais quasiment rien d'elle. Claude Loubinoux, dont Robert Misrahi épousa la sœur, m'inspirait de l'amitié. La philosophie la passionnait ; elle me parla un jour de la possibilité d'une lecture phéno-ménologique d'Aristote. Robert Misrahi, lui, était sartrien ; il expliquait *L'Être et le Néant* à qui voulait l'écouter. L'on admirait déjà Gilles Deleuze. Il n'y avait pas grand-chose à retirer du cours de Pierre-Maxime Schuhl (lui et René Poirier, le logicien, étaient paresseux à préparer un cours), si ce n'est lorsque Deleuze, ou tel autre étudiant, faisait un exposé. Je l'entendis ainsi résumer à merveille la thèse de Léon Robin sur « la théorie platonicienne des Idées et des Nombres d'après Aristote ». Au fil des ans, mon admiration pour Deleuze s'évanouit peu à peu, dans la mesure où son jugement me parut de moins en moins à la hauteur de sa vigoureuse intelligence. Bien des étudiants se rencontraient « chez Pierre Romeu » : c'était le bibliothécaire, si attentif à les encourager, à les aider (voire financièrement, m'a-t-on dit), à faciliter leur travail, que beaucoup, plus tard, ont évoqué son souvenir avec émotion : ainsi Michel Tournier, récemment. La différence des conditions, si grande qu'elle pût être, selon le degré de fortune des familles, ou selon que l'on était ou non boursier, cette différence ne jetait aucune ombre sur les rapports entre étudiants, toujours empreints de connivence et de sympathie. Certes, je n'eusse pu tutoyer Jean d'Ormesson, qui sentait trop son aristocratie, comme je tutoyais Châtelet ou Revault d'Allonnes, mais j'ai toujours eu le tutoiement difficile.

Si, dans les discussions entre nous, on se tenait sur les hauteurs de la philosophie, les problèmes de la vie matérielle n'en existaient pas moins pour les étudiants désargentés, dont j'étais. De quoi allais-je vivre durant la nouvelle année universitaire, 1945-46 ? En août et septembre, en vacances chez mes parents, tout en fanant ou moissonnant, ou en lisant Descartes, sur qui devait porter mon diplôme d'études supérieures, chaque jour, je me le demandais. Souhaitant un travail qui ne m'éloignât pas du Quartier latin, je me présentai tout de go, le 30 septembre, au lycée Saint-Louis, sollicitant une charge de surveillance. Je m'entendis répondre qu'il était « plus difficile d'être maître d'internat au lycée Saint-Louis que professeur à la Sorbonne ». Je m'attendais à être reçu autrement, car, ayant su que Monsieur Mandoul, qui, comme Proviseur du lycée de Tulle, m'avait bien connu et apprécié, avait été nommé Proviseur du lycée Saint-Louis, je lui avais écrit, lui rappelant la promesse qu'il m'avait faite un jour de m'aider. Je ne vis qu'un surveillant général, lequel voulut bien me donner, à titre temporaire, un service. C'est en assurant celui-ci que je rencontrai, par hasard, Monsieur Mandoul dans la cour. Il fut surpris ; il n'avait pas reçu ma lettre. J'eus un meilleur service aussitôt. Toutefois, ayant appris que je ne pouvais être « titularisé » à Paris sans avoir été une année en province, de sorte que je ne serais pas payé pendant les vacances, j'obtins d'être nommé au collège d'Étampes, où je connus toute l'horreur de la condition.

Beaucoup d'élèves de ce collège n'étaient que le rebut rejeté par les établissements parisiens. Tenir un dortoir était difficile. J'autorisais le jeu de cartes, organisais des « championnats » qui se prolongeaient jusqu'à une heure tardive et m'assuraient la paix. Lorsque j'amenais une classe en promenade le dimanche, il arrivait qu'une voiture s'arrêtât, d'où émergeait un père d'élève, qui, repérant son fils, le faisait sortir des rangs et repartait avec lui sans m'avoir dit un mot. L'insolence des riches me faisait durement sentir que je n'étais qu'un « pion ». Je me vengeais par une attitude subtilement insolente à l'égard des autorités, notamment à l'égard du Principal, qui n'en pouvait mais. Mon ressentiment envers la société croissait. Mon mémoire sur Descartes n'en fut pas moins achevé dans les délais et, en juin 46, la soutenance eut lieu devant mon directeur de recherche, Raymond Bayer, qui ne l'avait pas lu. Comment l'eût-il pu ? François Châtelet avait entraîné nombre d'étudiants à faire leur diplôme « avec Bayer », de sorte que le malheureux professeur croulait sous les mémoires. En Allemagne, il peut arriver qu'un professeur ne lise pas les thèses, Mais il a des assistants pour cela. Rickert ne lut pas la thèse d'habilitation de Heidegger, mais elle fut lue par Krebs. Personne, à ce jour, n'a lu mon mémoire sur « le *Cogito* cartésien, sa valeur méthodologique et ontologique », et, comme il est perdu, nul ne le lira jamais. Toutefois, la soutenance eut lieu. Bayer voulait parler de Spinoza. J'essayais de l'amener à s'intéresser à Descartes. En vain. Nous donnions un beau spectacle. Au fond de la salle, Revault d'Allonnes s'amusait beaucoup.

En ce même mois de juin 1946, Marie-Thérèse et moi décidâmes de nous marier. Cela ne fut pas sans hésitation, tant nous étions différents. Durant les années de guerre, sur un fond de tragédie et d'insécurité, nous avions vécu des moments intenses et merveilleux. La paix revenue et, avec elle, la banalité et l'ennui de la vie, qu'il faut surmonter chaque jour, nos divergences devenaient des oppositions. Marie-Thérèse était catholique, et j'étais déjà complètement détaché de la religion. Elle était gaulliste, alors que j'entendais les sirènes de l'extrême gauche. Elle aimait la littérature et la musique et moi seulement la philosophie, qu'elle n'aimait pas. Elle avait été sportive à ses heures, et moi non. Soit à Strasbourg, soit à Paris, elle avait été assidue au concert, au théâtre, avait dansé jusqu'au matin, elle avait fréquenté les musées, suivi les expositions, et je n'avais rien connu de tout cela. Elle avait fait deux croisières en Grèce ; sur le bateau, elle s'était liée avec Roger Caillois, qu'elle avait trouvé charmant et qui lui avait prêté un roman policier. Elle parlait des professeurs de l'Université de Strasbourg, où son père enseignait la littérature comparée, comme d'amis, tels Maurice Pradines, dont j'avais lu la *Philosophie de la sensation* et que j'admirais, ou Charles Blondel, ou Martial Gueroult. En 1946, Gueroult venait d'être nommé à la Sorbonne. À la fin d'un cours, j'allai le saluer de la part de Marie-Thérèse. Il nous invita à aller le voir chez lui, à Ville d'Avray, un dimanche. Nous y allâmes. Il se mit au piano pour Marie-Thérèse, qu'il appelait « Mimi ». Il jouait admirablement. Puis ils évoquèrent le temps de Strasbourg et le sort de leurs amis. J'étais là comme si je n'étais pas. Gueroult ne fit aucune attention à moi. Ainsi, non sans hésitation, nous nous mariâmes. Ce fut le 19 juillet, à Saint-Mandé. Mon père, occupé à la moisson, ne vint pas. Nous avions compris que ce mariage était inéluctable, puisque, quelles que soient les tensions entre nous provenant de nos oppositions de gouts et d'opinions, elles ne pouvaient rien contre un lien beaucoup plus fort que l'on peut appeler « amour ». Le 19 juillet 1996, nous avons célébré, par un simple bouquet de roses, nos noces d'or.

Un cousin de ma femme nous ayant prêté un petit studio, au 19 avenue Hoche, et étant, de « pion » harcelé et méprisé, redevenu un étudiant libre, je pus, durant l'année universitaire 1946-47, travailler à l'aise, tout en m'intéressant à l'effervescence intellectuelle du Quartier latin et y participant. En janvier 1947, la soutenance d'Hyppolite, salle Louis Liard, à la Sorbonne, sur la *Phénoménologie de l'Esprit* de Hegel, fut un événement. Gueroult félicita Jean Hyppolite, dont, plus tard, Heidegger, au contraire, se moqua assez cruellement. Au 15, rue Cujas, l'on pouvait entendre, soit à 18 h., soit à 21 h., tantôt Merleau-Ponty qui s'en prenait à la sociologie durkheimienne, tantôt Weil ou Alquié, Levinas, Gurvitch ou Gabriel Marcel, voire Georges Bataille ou Nicolas Berdiaeff. Alquié ne m'a jamais intéressé ; à tort sans doute, car Catherine Collobert, ma fille d'alliance (pour parler comme Montaigne de Marie Le Jars de Gournay), me dit qu'elle a beaucoup apprécié son livre sur Descartes. Je me souviens d'Éric Weil et de sa conférence sur le langage en un français hésitant ; Alexandre Koyré était là, qui, à propos de Heidegger, s'étonna que le *Dasein* ne mange ni ne boive, sans parler de quelque autre besoin aussi vulgaire. Arend Heyting venait des Pays-Bas exposer sa logique intuitionniste ; Louis de Broglie soulevait le problème de l'indéterminisme en physique quantique à propos des incertitudes de Heisenberg. L'existentialisme était à la mode ; il donna lieu à un débat à la Sorbonne, dans l'amphithéâtre Richelieu archi-comble. Tout en suivant assidûment les conférences publiques, car j'étais à l'affût de ce qui se faisait de neuf dans le champ philosophique, je me gardais de négliger le travail universitairement nécessaire. J'étudiais la littérature latine et la littérature française du Moyen Âge, ainsi que Rousseau et les Parnassiens, pour le certificat d'études littéraires classiques, que je passai en février 47. J'avais accompli, ce même mois, mon stage pédagogique, et obtenu le « certificat de stage » requis pour l'agrégation. Mikel Dufrenne, mon directeur de stage, était un homme charmant ; il me donna un signe fort d'amitié par la suite. Le grec et un certificat de science étaient également requis pour l'agrégation. Je me décidai pour le certificat de psychophysiologie, et suivis les cours de Tournay, de Fraisse, de Grassé, de Fessard, de Perrier, tous savants très estimables. J'ai encore un gros cahier de travaux pratiques en psychologie expérimentale ; en le feuilletant, je revois l'étudiant et les deux étudiantes que je retrouvais, pour un travail de groupe, le samedi matin : je n'ai pas oublié leurs noms. En juillet, le succès obtenu, Paul Fraisse parut souhaiter que je devienne son assistant, aux côtés de Reuchlin. Mais je lui dis m'être voué à la seule philosophie.

Durant les années 1947-48 et 1948-49, j'eus des problèmes de conscience : je supportais mal de vivre « aux crochets » de ma femme. Eussé-je su, que Heidegger lui-même avait vécu quelque temps aux crochets d'Elfride, que cela ne m'eût pas rasséréné. J'offris mes services à un certain Pollès qui tenait une « boîte à bachot » rue Madame et me payait misérablement. J'expliquais Kant à des « fils à papa » qui s'en moquaient. Cela altérait quelque peu mon humeur, mais non ma confiance. Je voulus, l'année suivante, revenir à l'enseignement public ; en 1948-49, je fus professeur de philosophie au lycée d'Aurillac en qualité de « délégué rectoral ». Nous habitions alors place du Trocadéro, où nous disposions d'une chambre et d'une cuisine. Ma femme, qui enseignait au lycée Hélène Boucher, après Tulle et Strasbourg, corrigeait ses copies sur un coin de table de la cuisine, tandis que, dans la chambre, je rédigeais, pour Maurice de Gandillac, une dissertation sur Platon. Le soir, je prenais, à la gare d'Austerlitz, le train d'Aurillac. J'avais, en général, un compartiment pour moi seul. Je m'installais de tout mon long sur une banquette, m'endormais aussitôt, et, sauf la brève interruption du contrôle des billets, me réveillais à Aurillac. Ayant, en fin d'année, refusé de faire le voyage pour simplement surveiller les épreuves du concours général, je fus convoqué chez le proviseur qui m'admonesta. Je feignis la contrition et la déférence, non sans ajouter : « de toute façon, je serai agrégé de philosophie l'an prochain », ce qui fut. J'ai toujours été, au moins dans le Secondaire, assez petitement noté par les chefs d'établissement. Confits en administration, ils n'aiment guère les esprits libres.

J'étais venu à Paris pour suivre les cours de la Sorbonne. Je n'avais pas été déçu. On n'y parlait ni de Marx, ni de Nietzsche, ni, bien sûr, des Présocratiques, mais Gouhier décortiquait Berkeley et Maine de Biran, Gueroult expliquait la dynamique de Leibniz ou suivait en sa rigueur la déduction spinozienne, Bachelard développait sa psychanalyse des éléments et faisait surgir les « complexes » – complexe « de Prométhée », « d'Empédocle », etc. – comme d'une boîte à malice. Lorsque j'en étais empêché, il arrivait que Marie-Thérèse suive les cours pour moi. Elle se figurait redevenir étudiante et l'ambiance des salles de cours lui plaisait. Mais, la philosophie lui étant étrangère, ce qu'elle entendait la laissait perplexe ou amusée. Elle fut prise de fou rire à un cours de Jean Wahl, qui, à propos du non-être dans le *Sophiste* de Platon, méditait sur le cheval et le non-cheval. Je cherchai, mais, je crois, en vain, à lui faire comprendre que cette question était des plus sérieuses.

On peut s'étonner qu'évoquant ma jeunesse « à Paris », il soit si peu question de Paris. Mais, tout le temps de mes études, Paris s'est quasiment réduit au Quartier latin, et le Quartier latin à la Sorbonne. La ville n'avait pas d'attraits pour moi, sinon ceux qu'offraient les bibliothèques. Sans doute n'étais-je pas insensible au charme des jeunes filles, desquelles je n'avais eu, jusqu'alors, qu'une expérience très limitée, et je dus avoir quelques tentations. Cela alla peut-être au point de « perdre » une heure en propos charmants sous les arbres du Luxembourg, mais non, certainement, au point de perdre une semaine, ou même un jour. Le travail d'abord ! On me dira que Marie-Thérèse, en me révélant la littérature policière, et Agatha Christie, et Ellery Queen, et Dorothy Sayers, me fit perdre bien des heures. Mais il faut bien, dans le travail, des temps de repos où l'esprit se délasse, tout en rassemblant ses forces pour une dissertation à rendre ou une leçon. Et puis, les bons romans policiers nous apprennent l'art du suspense. Et, dans un concours, il faut que le correcteur qui nous lit ne s'ennuie pas. Sans eux, eussé-je eu 17 à l'agrégation, à une dissertation sur « la mémoire affective », sujet peu palpitant ? Vous le voyez : je ne veux pas que l'on donne tort à Marie-Thérèse, même si, après tout, et pour être sincère, en me communiquant le goût des romans policiers, elle ne m'a pas tellement rendu service.

Durant ces années qui ont suivi la Libération, si peu d'argent que j'aie, j'en avais toujours assez pour acheter les journaux, soit *L'Humanité,* soit *Le Monde*, et, chez mon oncle, je lisais *Franc-Tireur.* Je pensais, comme François Châtelet, et bien que répugnant à tout engagement, que le philosophe ne pouvait se désintéresser de la politique, car on ne peut philosopher librement que dans une cité libre. Je dédaignais les récits de « faits divers », et je fus un jour déçu de voir, sur un quai de métro, Georges Davy plongé dans la lecture des dernières nouvelles du procès du docteur Petiot. Je m'intéressais aux événements nationaux et surtout internationaux, tels que la prise du pouvoir par Hô Chi Minh au Vietnam, l'avancée de Mao Tsé-toung en Chine et ainsi de suite : l'avenir de l'humanité était claire-ment dans le socialisme. Je lisais les journaux avec le regard tourné vers l'avenir, non vers le passé. Les règlements de compte de la Libération, les procès de Laval, de Pétain, le procès des criminels de guerre à Nuremberg, où Mireille, ma belle-sœur, alla comme l'un des nombreux témoins de l'accusation, tout cela, qui participait du passé, m'intéres-sait peu ; en revanche, le discours de Winston Churchill à Fulton, qui noircissait l'avenir, m'inquiéta. Quant au scandale d'Auschwitz et des camps de la mort, comme à celui d'Hiroshima et de la guerre exterminatrice, nul encore ne les mesurait vraiment. Dans *Les Temps Modernes,* qu'ils venaient de fonder, Jean-Paul Sartre écrivait sur « la natio-nalisation de la littérature », et Simone de Beauvoir sur « la sagesse des nations ». *L'Être et le Néant*, avec deux ans de retard, faisait beaucoup parler. L'existentialisme et le marxisme se réfutaient mutuellement, et Maurice Merleau-Ponty s'instituait juge de paix.

Qui me verrait tel que j'étais en ces années serait peut-être fondé à dire qu'en ce temps-là j'ai eu mauvais caractère. Ma grand-mère paternelle, Françoise, me jugeait « intsi-prous », ce qui veut dire : « impérieux », « impatient », lourd d'une colère prochaine. En réalité, j'étais ainsi seulement lorsque les choses n'allaient vraiment pas à mon gré ; or, elles allèrent à mon gré dans l'ensemble, j'entends non toujours selon mes désirs, mais, en tout cas, presque toujours selon mes volontés. Car je restreins, en général, ma volonté à ne vouloir que ce que je peux certainement obtenir, quitte à abolir les désirs qui vont au-delà. J'ai pu étudier à la Sorbonne, suis devenu professeur, ai épousé la femme de ma vie, dont, pour notre bonheur commun, j'ai eu un fils. Que demander de plus, du moins au titre des années prépara-toires ? Ce furent des années d'efforts, de bonheurs et de tourments. Il y eut des heures tristes, et même les heures heureuses étaient sur un fond de tristesse. Cette tristesse était la trace laissée par la guerre dans les cœurs. Comment oublier les morts ? Une des heures les plus douloureuses fut celle où Marie-Thérèse m'annonça la mort d'Armand Bona-Christave : « Bona-Christave a été tué devant Belfort en novembre [1944]. Il était ce que j'aime le plus au monde : le courage, la maîtrise de soi, la dignité dans le malheur. Je pense à lui sans cesse, à sa grâce, à sa gaieté, à son beau visage et je me sens désespérée et honteuse de vivre à sa place. » Je n'avais vu Bona-Christave qu'une fois : j'entrais dans la chambre-salon de Marie-Thérèse ; il était là et s'ap-prêtait à partir. Son salut, plein de retenue et de charme autant que d'aisance, m'avait conquis. Je comprenais ce qu'il signifiait pour Marie-Thérèse ; et, en même temps, je m'étonnais qu'elle pût avoir pour moi une amitié si forte, pour moi, pensais-je, si peu digne de lui être comparé, eu égard surtout aux valeurs de patriotisme qu'elle reconnaissait en lui. J'ai toujours eu conscience de vivre par l'effet du sacrifice des morts. Plus tard, ayant lu le journal d'Ina Konstantinova, traduit par Elsa Triolet sous le titre *La Jeune fille de Kachine*, je gardai précieusement en moi la pensée de cette jeune fille simple et heureuse, qui, un jour, ne pouvant supporter de voir son pays envahi, avait rejoint les partisans qui harcelaient l'ennemi sur ses arrières et, après deux ans d'une vie de combattante, était morte en héroïne, à vingt ans. Alors revenait la question : avais-je le droit de me refuser au combat, et, tandis que d'autres affrontaient les périls, de mettre mon habileté (qui était grande) à leur échapper ? La réponse était dans ma vocation exclusive à la philosophie. Je n'avais voulu qu'être fidèle à moi-même. J'avais toujours obéi à mon démon intérieur.

Si l'on entend par « jeunesse » le moment de la vie où l'on « s'amuse », je n'avais pas eu de jeunesse ; mais ce qui importe n'est pas la jeunesse mais la vie comme un tout, de même que ce qui compte n'est pas le prologue mais la pièce elle-même. Je ne regrette pas de n'avoir pas voyagé, ni joué si ce n'est quelques parties d'échecs avec Pierre Roubinet, ni dansé sauf une fois avec Claudine, ni flirté ou si peu, ni d'avoir fort peu fréquenté les cinémas, encore moins les théâtres : le jeune homme doit être comme un athlète qui se prépare à l'épreuve. Ce qui se fait pour l'agrément, ou le plaisir, ou le passe-temps, n'est qu'occupation passive, et le temps de la jeunesse est trop bref pour être dilapidé en moments inutiles : cela sied plutôt au vieillard. Une telle conception athlétique de la vie est stoïcienne, je n'en disconviens pas. Elle fait cependant la part de l'épicurisme, mais le laisse à la vieillesse.

Postface

par Catherine Collobert

De la chrétienté à l'hellénisme

L'ÉTENDUE du parcours philosophique de Marcel Conche se mesure à ce qui sépare le monde chrétien du monde grec. De la chrétienté à l'hellénisme, tel pourrait être le titre de ce parcours. Aussi Marcel Conche ferait-il sienne la parole d'Héraclite : « Je me suis cherché moi-même » (fr. 101 D.K.). La commentant, il écrit : « L'homme est l'être qui fait question pour lui-même, qui se cherche et qui se sait[1]. » Cette quête l'a mené en terre grecque, là où la montagne rejoint la mer, la finitude, l'infinitude : la nation de la philosophie. « Devenir philosophe, comme je l'entends, c'est devenir grec[2]. »

« Devenir grec », cette affirmation retentit comme un mot d'ordre pour nous dont les premiers pas sur le chemin de la philosophie furent en sol grec. Cet appel et cette quête sont aussi une gageure. Enraciner sa pensée dans le sol grec, c'est, selon nous, en retrouver les valeurs qui se sont déployées non seulement dans les écrits, mais aussi dans l'art. Car devenir grec n'est pas seulement entendre la parole grecque, c'est aussi contempler ce qui s'est manifesté dans l'architecture, la sculpture et la peinture.

---

1. *Héraclite, Fragments,* Paris, Puf, 1986, p. 229.
2. « Devenir grec », in *Analyse de l'amour et autres sujets,* Paris, Puf, 1997, p. 93.

« Vivre et penser en grec » dit Marcel Conche[1], c'est se mouvoir à nouveau dans l'esprit grec, sentir le souffle de cet esprit animer sa pensée et sa vie. Pourtant, aujourd'hui, il nous faut voir ce que le temps et le hasard ont laissé à notre œil moderne, écouter comme de lointains échos des paroles qui ne nous parviennent plus qu'indistinctement, étouffées par les bruits de notre modernité. Si devenir grec, c'est se dépouiller de sa modernité, comment saisir ce qui fait le fonds de la grécité ? Par celui qui fut le premier éducateur des Grecs, répond M. Conche, en devenant « fidèle à Homère en esprit »[2]. Écouter Homère est une condition nécessaire, mais est-elle suffisante pour revêtir aujourd'hui le *chiton* ?

« Tout philosophe est en droit l'enfant de la Grèce »[3] ; mais un enfant qui maintenant ressemble fort peu à son géniteur, à l'instar de ces pierres éparses, faibles témoins de ce que fut la splendeur de l'esprit grec ; reflets d'un temps impatient qui se joue de notre désir d'éternité.

L'histoire, maîtresse de la finitude, nous commande de l'accepter. Accepter notre finitude, la connaître et s'en nourrir pour exalter la vie, telle est la leçon que nous offre Homère dans la figure d'Achille. « Plus grandes les parts de mort, plus grandes les parts de vie qu'elles obtiennent en partage » (fr. 25 D.K.), dira plus tard Héraclite. Vivre et mourir sont un seul et même acte. Car vouloir vivre et vouloir mourir sont un même vouloir. Il « *faut se vouloir mortel* » écrit M. Conche : « ni volonté de vie sans volonté de mort, ni, certes, volonté de mort sans volonté de vie, mais les deux indissociablement unies en une seule et même *volonté tragique*[4]. »

---

1. *Ibid.*, p. 90.
2. *Ibid.*, p. 93.
3. *Ibid.*, p. 103.
4. *Temps et destin*, Paris, PUF, 1992, p. 133.

Mais il faut aussi mériter sa mort. Pour mourir héroïquement, il faut avoir vécu héroïquement. Achille choisit la vie héroïque. Ce faisant, il choisit sa mort. Car il sait que la mort est le témoin authentique de la vie. « La véritable aristocratie ne se fonde pas sur la naissance, mais sur la mort » écrit M. Conche [1]. Nous ajouterions : lorsque celle-ci n'est pas enveloppée du voile de la peur. À l'instar de Socrate, Achille ne craint pas de mourir ; il craint seulement de ne pas mourir en héros.

L'acceptation de la finitude humaine, ce qu'exprime Homère par le terme *brotos*, est la condition de l'exaltation de la vie. Le pari de Pascal est dans cette perspective curieux. Quel sens peut-on donner à une vie sans fin ? « Il n'y a pas dans l'infini, d'orientation possible, ni de sens », écrit M. Conche [2]. Mais, en outre, la pensée d'une durée infinie de son existence n'est-elle pas plus vertigineuse et effroyable que celle d'une durée finie ? La néantisation n'est-elle pas plus supportable que son absence ?

Par ailleurs, pourquoi alors vivre cette vie qui nous est échue ici et maintenant ? Le « à quoi bon » nihiliste, né de la mort de Dieu, rejaillit sur l'illusion éternitaire ; une même conséquence : la dévalorisation de la vie. Il faut écouter et répéter la parole d'Anaximandre : « Car ils se rendent justice et réparation, les uns aux autres, de leur mutuelle injustice, selon l'assignation du temps [3]. » « Ce que veut Anaximandre, écrit M. Conche, c'est ne pas laisser l'homme à cette "tristesse du fini" dont parle Hegel, mais le réconcilier avec la finité même, tout en la reconnaissant absolue (pas *d'Aufhebung* !), cela en montrant que ce qui semble l'effet d'un Destin aveugle, en réalité se justifie, correspond à une justice immanente, cosmologique et ontologique [4]. »

---

1. *Héraclite, Fragments, op. cit.*, p. 128.
2. *Orientation philosophique*, Les Belles Lettres/encre marine, 2011, p. 134.
3. Trad. M. Conche.
4. *Anaximandre, Fragments et Témoignages*, Paris, PUF, 1991, p. 179.

La justice constitue avec la mesure, la beauté et l'harmonie, les quatre principaux piliers de l'édifice grec. C'est de leur unité que naît la perfection qui ne peut être qu'une exigence et non un état pour l'homme. C'est cette exigence de perfection qui nous conduit à affirmer avec M. Conche, qu'il « faut vivre la vie sur le fond d'une décision résolue »[1].

Cette décision est à comprendre dans l'horizon de ce que M. Conche nomme la sagesse tragique. Elle « consiste donc, écrit-il, dans l'affirmation de l'être, c'est-à-dire de la vie, et ce qui la distingue est qu'il s'agit d'une affirmation *totale* »[2]. Cette affirmation est inséparable de la joie tragique – « la joie du héros ».

C'est cette joie que M. Conche souhaite à lui-même et « à ceux qui lui sont apparentés »[3] ; c'est cette joie, qu'à ce que nous croyons, lui et nous avons ensemble en partage.

---

1. « Devenir grec », *loc. cit.,* p. 95.
2. *Orientation philosophique, op. cit.,* p. 179.
3. *Temps et destin, op. cit.,* Avant-Propos, p. 16.

Sources

Mon enfance à Altillac, *Bulletin de la Société des Lettres, Sciences et Arts de la Corrèze,* tome 97, 1994, p. 272-282. Présentation par André Comte-Sponville : « Marcel Conche », p. 271.

Mon adolescence à Beaulieu, *Bulletin de la Société des Lettres, Sciences et Arts de la Corrèze,* tome 98, 1995, p. 149-165. Présentation par Lucile Laveggi : « Marcel Conche, un Grec français », p. 147-148.

Ma jeunesse à Tulle, *Revue des Lettres, Sciences et Arts de la Corrèze,* tome 99, 1996, p. 138-148. Présentation par Jean Salem : « Marcel Conche », p. 136-137.

Ma jeunesse à Paris, *Revue des Lettres, Sciences et Arts de la Corrèze,* tome 100, 1997, p. 99-108. Présentation par Catherine Collobert : « Marcel Conche », p. 96-98.

Achevé d'imprimer en décembre 2020
pour le compte des éditions Les Belles Lettres
collection « encre marine »
par la société « Tirage »
selon une maquette fournie par leurs soins.
ISBN : 978-2-35088-186-7

Troisième édition

catalogue disponible sur :
www.encre-marine.com